SLAWISCHES
FAMILIENRECHT.

INAUGURAL-DISSERTATION

zur Erlangung

DER JURISTISCHEN DOCTORWÜRDE

an der

UNIVERSITÄT STRASSBURG

von

PAUL TURNER.

STRASSBURG.
KARL J. TRÜBNER.

LONDON,
TRÜBNER & CO.
1874.

Strassburg, J. H. Ed. Heitz, Universitäts-Buchdrucker.

Meinem lieben Freund und Lebensretter

HERRN **FRANZ FIRBAS**

als ein Zeichen inniger Verehrung.

Slawisches Familienrecht.

§ 1.

Allgemeine Bemerkungen.

Je intensiver die Staatsthätigkeit, und mit derselben die Staatsgewalt sich entwickelt, desto mehr verliert die Familie an juristischer, namentlich öffentlich rechtlicher Bedeutung, desto mehr verflüchtigt sie sich zu einem natürlich-sittlichen Verhältniss, welches nur noch den gemeinsamen Rahmen für eine Anzahl von Rechtsinstituten bildet. Die römische und germanische Familie haben durch die mächtige Entfaltung des Staates früh ihre ursprüngliche juristische Bedeutung verloren, d. h. sie haben aufgehört Geschlechter (gentes) zu bilden und gleichsam Staaten im Staate zu sein; die slawische Familiengenossenschaft dagegen hat, da die Thätigkeit des Staates sich in unvollkommener Weise entwickelte, ihren juristischen Gehalt noch bis auf den heutigen Tag bewahrt.

Die ganze Rechtsanschauung oder, wenn man so sagen darf, der juristische Character eines Volkes prägt sich am deutlichsten in den Rechtsverhältnissen der Familie aus; das Familienrecht ist der Ausgangspunkt und der Kern eines jeden Volksrechtes, insbesondere aber hat bei den slawischen Völkerschaften das Familienrecht diesen hervorragenden Platz im Rechtssystem noch in der Gegenwart inne.

Um die Rechtsverhältnisse der slawischen Familie richtig erfassen zu können, ist es vor Allem nothwendig, dass man zwei Arten von Familien unterscheidet, nämlich die sogenannte Hauscommunion (slaw. «Zadruga») und die Familie im gewöhnlichen Sinne des Wortes. Man könnte die erstere mit dem Namen «Gesammtfamilie» und die letztere «Sonderfamilie» bezeichnen.

§ 2.

Die Hauscommunion „Zadruga".

Die Hauscommunion oder Zadruga ist ein Verein von Blutsverwandten und anderen in die Familiengenossenschaften aufgenommenen Personen, die alle unter der Leitung eines gewählten Hausvaters stehen und Gemeinschaftseigenthümer des Hausvermögens sind. Der Hausvater wird Stareschina (Aeltester) oder Gospodar (Wirth) genannt; er kann wohl der natürliche Vater, resp. Grossvater einer solchen Familie sein, aber es ist dies keine nothwendige

Voraussetzung; die Hauptbedingung, von welcher die Würde eines Hausältesten abhängt, ist, dass er als der tüchtigste und klügste Mann in der Familiengenossenschaft gelte.

Eine Hauscommunion organisirt sich in der Regel folgendermassen: ein Familienvater, im deutschen Sinne des Wortes, erwirbt ein bestimmtes Grundstück und erbaut auf demselben ein Haus; dasselbe wird das Stammgut. Die Söhne, so viele auch deren sein mögen, bleiben insgesammt bei ihrem Vater auf dem Stammgute, und bewohnen, wenn sie heirathen, mit ihren Frauen und Kindern das Stammhaus so lange dieses alle fassen kann; wird es aber zu klein, so werden entweder noch Stuben hinzugebaut, oder es werden um das Stammhaus herum besondere Wohnungen für die Einzelfamilien errichtet. Eine solche Gesammtfamilie kann im Laufe der Zeit sehr zahlreich werden und sich nach und nach zu einer Gens erweitern. Stirbt der Hausvater, so wird an seiner Stelle der tüchtigste unter seinen Söhnen zum Hausältesten erwählt; dieser gebietet sodann über die ganze Familiengenossenschaft, aber nicht auctoritate propria, sondern potestate delegata. Der jeweilige Hausvater ist der alleinige Verwalter des Familienvermögens, und in dieser Amtsthätigkeit weist er den Hausgenossen die betreffenden Verrichtungen an, ordnet die wirthschaftlichen Einkünfte und Ausgaben, besorgt die Käufe und Verkäufe, entrichtet die öffentlichen Abgaben, vertritt die Hausgenossenschaft nach Aussen und leitet ihre gesammte innere Ordnung. Dem Hausvater zur Seite steht die Hausmutter; diese ist in der Regel seine Frau, kann aber auch eine andere von den tüchtigeren Weibern der Familie sein; sie hat die Leitung des weiblichen Personals und die Anordnung der weiblichen Verrichtungen[1].

[1] Csaplowics, Slawonien und zum Theil Kroatien. Pest, 1819, S. 105, fg.

In ganz Slawonien, die Militärgränze mitinbegriffen, ist die sogenannte patriarchalische Haushaltung noch bis auf den heutigen Tag gebräuchlich, womit so mancher Vortheil, dagegen aber auch einige Nachtheile verknüpft sind. Die ganze Familie bleibt unter den Befehlen des Hausvaters «gospodar» ungetheilt beisammen und daher ist da keine Seltenheit ein Haus mit sechzig und mehr Seelen bevölkert zu sehen. Ja man findet, obzwar selten, auch über hundert Menschen in einem Hause. Dass zwanzig bis fünfzig Köpfe beisammen sind, ist etwas alltägliches. Das Stammhaus bewohnt nur der Hausvater mit seiner eigenen Familie. Jedes verheirathete Paar hat sein eigenes Häuschen «Krewet» ausschliesslich für sich zur Wohnung bestimmt; da diese aber zum Heitzen nicht eingerichtet sind, so steht es im Winter allen Familiengliedern frei, warme Gemeinzimmer zu beziehen, wohin denn jedes sein Bette mitbringt und wo demnach oft an zwölf und mehr Lagerstätte aufgeschlagen werden. Der Hausvater «Gospodar» und dessen Weib «Gospodaritza» sind Vorsteher der ganzen Familie, jener theilt die Geschäfte unter das männliche, diese aber unter das weibliche Geschlecht aus. Die Weiber der Familie besorgen wöchentlich die Küche und das Hauswesen; diejenige, an welcher die Reihe ist, heisst während der Dauer ihres Wochenamtes Redusa, welches Wort «red» Ordnung bedeutet. Man nennt sie auch Maja, ein Deminutiv von Mati, Mutter. Von der Gunst, in welcher dieses oder jenes Weib bei der Hausmutter steht, hängt oft die bessere oder magere Kost des Hauses ab. — Den Hausvater wählt die ganze Familie; seine Befehlshaberstelle ist lebenslänglich und nur gewisse wichtige Umstände, können das gewählte Oberhaupt seines Amtes verlustig machen. Das Hauspersonal muss seine Befehle vollkommen respectiren, wozu es nöthigenfalls auch durch die Autorität der Civilbehörde, welche dem Gospodar jeder Zeit die erforderliche Assistenz angedeihen lässt, verhalten wird. Das Vermögen des Hauses, welches hauptsächlich in Vieh besteht, ist ein gemeinschaftliches Eigenthum, der Gospodar ist nur Verwalter desselben,

§ 3.

Einzelne Rechtsverhältnisse der Hauscommunion.

a) Das ganze Mobil- und Immobilvermögen der Communion ist Gemeineigenthum aller Hausgenossen ohne Unterschied des Geschlechtes. Das bewegliche Vermögen wird nach den zukömmlichen Bedürfnissen getheilt, das unbewegliche aber ist in der Regel untheilbar und unveräusserlich, es sei denn dass eine solche Theilung oder Veräusserung alle Familienmitglieder beschliessen. Wer aus der Familiengenossenschaft tritt, sei es ein Sohn oder eine Tochter, kann nur mit beweglichem Vermögen ausgestattet und für seinen Antheil an dem gemein-

und der Hausgenossenschaft, wenn sie es fordert, Rechenschaft darüber zu geben verpflichtet. Er muss für alles was das Haus braucht besorgt sein. Theilungen der überschüssigen Gelder geschehen nach den Familienstämmen. Privaterwerbe durch eigene Industrie und Handel bleiben dem Erwerbenden als Privateigenthum.

Wuk Stefanowitsch, Serbisches Wörterbuch. Wien, 1818, S. 792.

Der Stareschina herrscht und verwaltet das ganze Vermögen des Hauses, er befiehlt Männern und Burschen was ein jeder zu verrichten habe; er verkauft im Einverständnisse mit den Hausgenossen was zu verkaufen kömmt, und kauft ein was nöthig ist; bei ihm ist die Hauptkasse und er sorgt für die Berichtigung der öffentlichen Steuern und Abgaben. Das Hausgebet beginnt und vollendet er. Wenn Gäste oder Fremde in das Haus kommen, so spricht nur er mit ihnen und bewirthet sie. Er ist nicht immer der älteste an Jahren im Hause; wird der Vater alt, so übergibt er die Würde des Stareschina dem ausgezeichnetsten unter seinen Söhnen oder Neffen, wenn dieser auch der jüngste ist. Verwaltet ein Stareschina das Haus schlecht, so wählen die Hausgenossen an seiner Statt einen andern.

schaftlichen Vermögen entschädigt werden; dadurch gehen auch alle Ansprüche auf eine andere Erbschaft und einen ferneren Familienantheil verloren. Wer hingegen in die Communion aufgenommen wird, sei es durch Heirath oder Adoption, erwirbt auch alle Vermögensrechte gleich den angestammten Mitgliedern und erhält den Namen der Gesammtfamilie, deren Mitglied er geworden ist.

b) Der Hausvater ist ein gewählter Vorsteher und Gebieter der Hausgenossenschaft und verantwortlicher Verwalter ihres Vermögens. Seinen Geboten und Anordnungen sind alle Hausgenossen zu unbedingtem Gehorsam verpflichtet; erweist er sich aber als ein untauglicher Herrscher und schlechter Verwalter, so kann er durch einen Familienbeschluss von seiner Würde entsetzt werden.

c) Die einzelnen Mitglieder der Communion sind vollkommen gleichberechtigt; das männliche Geschlecht hat keine Vorrechte vor dem weiblichen. Nur thatsächlich werden vermögensrechtliche Unterschiede durch das natürliche Verhältniss der beiden Geschlechter bedingt. Die Söhne bleiben nämlich regelmässig auf dem Stammgute, die Töchter heirathen in andere Genossenschaften und erhalten eine Ausstattung gleich einem Sohne, wenn er aus der Communion scheidet. Sind aber keine Söhne vorhanden, so bleiben die Töchter auf dem Stammgute und continuiren die Hausgenossenschaft[1].

[1] Diese altslawischen Familienverhältnisse bestehen noch heutzutage bei den Südslawen und zwar namentlich bei den Serben und Kroaten. Der gegenwärtig versammelte kroatische Landtag in Agram hat ein neues Ge-

In gut verwalteten Communionen gibt es weder Reiche noch Arme, denn jedes Mitglied hat einen gleichen Antheil an dem gemeinschaftlichen Vermögen und ist verpflichtet, so lange es arbeitsfähig ist, zu arbeiten. Wer sich dieser Pflicht entziehen

setz über die Regelung der Hauscommunionen seinen Berathungen unterzogen. Zur Begründung der obigen Ausführung mögen aus dem kaiserlichen Patent- und Grundgesetz vom 7. Mai 1850 für die kroatisch-slawonische und banatisch-serbische Militärgrenze folgende Paragraphen angeführt werden:

§ 31. Das patriarchalische Leben des Gränzvolkes als Nationalsitte wird unter den Schutz der Gesetze gestellt.

§ 32. Als Familie eines Hauses werden alle Personen betrachtet, welche bei dem Hause conscribirt und nicht Dienstboten sind; diese Personen mögen sich verwandt oder in die Communion aufgenommen worden sein.

§ 33. Um Ruhe, Ordnung, Eintracht, Religiosität und Sittlichkeit unter der Hausfamilie zu erhalten, hat in der Regel der älteste fähige und dienstfreie Mann die Hausvaterstelle zu führen und das Hausvermögen zu verwalten. — Sein oder ein anderes hiezu geeignetes Weib hat Hausmutter zu sein.

Die Wahl muss durch die Familie geschehen und der Behörde angezeigt werden. Können sich die Familienglieder in der Wahl nicht vereinigen, so entscheidet der Gemeinde-Ausschuss.

§ 34. Was die Hauscommunion mit gemeinsamen Kräften erwirbt, ist gemeinsames Hausgut, welches zur Bestreitung der Auslagen des Hauses und des Unterhaltes aller Familienglieder dient.

§ 35. Die Hausgenossen können von dem Hausvater über die Gebarung mit dem gemeinsamen Vermögen Rechenschaft verlangen und einem aus ihrer Mitte die Mitsperre der Vorräthe und der Kasse übertragen.

§ 36. Beim Kauf, Verkauf, bei der Verpachtung, Verpfändung oder Belastung der Gründe, so wie bei jedem wichtigen Geschäfte, welches die ganze Familie oder das häusliche Vermögen betrifft, muss der Hausvater die geschehene Einvernehmung jedes Familiengliedes, welches das achtzehnte Lebensjahr zurückgelegt hat und die Zustimmung der Mehrheit derselben zu dem Geschäfte nachweisen.

Ueber Einwendung einzelner Familienglieder entscheidet der Gemeinde-Ausschuss mit Vorbehalt weiterer Berufung.

§ 37. Familienglieder sind befugt, die Zeit, welche ihnen nach Erfül-

und den Hausgesetzen nicht Folge leisten will, wird aus dem Familienverbande gestossen und seinem

lung ihrer häuslichen Obliegenheiten erübrigt, dazu zu verwenden, um sich etwas zu erwerben. Sie können mit Billigung des Hausvaters zu diesem Zwecke selbst ausser dem Hause auf Arbeit gehen. Von demjenigen, was ein Hausgenosse auf die eben angeführte Art für sich erwirbt, muss er einen Theil an die gemeinschaftliche Hauskasse abgeben. Kann er sich über die Summe nicht mit dem Hausvater vereinigen, und kommt es desshalb zur Klage, so entscheidet der Gemeinde-Ausschuss.

Geht ein Gränzer ohne Einwilligung des Hausvaters auf besonderen Erwerb aus, so muss er seinen ganzen Verdienst an die Hauskasse abgeben.

§ 38. Alles bewegliche Vermögen, das einzelne Hausgenossen für sich rechtlich erwerben, ist ihr besonderes Eigenthum.

§ 39. Die Theilung einer Communion ist unter folgenden Bedingungen zu gestatten:

1) Jeder Theil muss nebst dem Wohnhause mindestens eine Ansässigkeit von sechs Joch Grundstücken als Stammgut nachweisen. An der Seeküste, und wo ähnlicher Mangel an Grundstücken besteht, werden unumgängliche Ausnahmen über Vortrag des Gemeinde-Ausschusses vom Regiments-Commando gestattet.

2) Die Mehrzahl der Familienglieder beiderlei Geschlechtes, vom zurückgelegten achtzehnten Lebensjahre an, muss zu der Theilung ihre Zustimmung gegeben haben.

3) Die Vermögensantheile müssen nach dem eigenen Uebereinkommen der Hausgenossen in Voraus bestimmt, abgetheilt, und die Grundstücke in Gegenwart der Behörden abgemarkt sein. Hiebei sind die Personen, welchen vermöge des § 48 der Rücktritt in ihr Gränzhaus vorbehalten ist, mit in Anschlag zu bringen, und einem Hause zuzutheilen, welchem auf den Fall des wirklichen Rücktrittes in Voraus der betreffende Antheil zugemessen wird.

4) Die Familientheile müssen sich über die gegenseitigen Forderungen und Zahlungstermine vergleichen, über die gemeinschaftlichen Schulden mit den Gläubigern abgefunden, die etwa erforderliche Hypothek festgesetzt und die haftenden Cautionen oder Wittwengehalte gesichert haben.

5) Der Bau der neuen Wohnhäuser muss auf die hiefür bestimmten Plätze sicher gestellt worden sein.

6) Die durch Theilung einzeln austretenden Männer müssen bei sonst

Schicksale überlassen; wer aber durch Altersschwäche, Krankheit oder auf eine andere Weise

vorhandener Felddiensttauglichkeit, der Militärpflicht beim Feldstande bereits entsprochen haben.

7) Durch den Austritt eines Hausgenossen darf die active Militärpflicht der Rückbleibenden nicht umgangen werden.

8) Treten mehrere Männer zugleich aus, welchen die active Militärpflicht obliegt, so muss der Hausvater sowohl des zurückbleibenden als auch des austretenden Theiles dieser Militärpflicht entsprochen haben.

§ 40. Wenn bei der Theilung gegen die Aufnahme eines Familiengliedes zu einem oder dem andern Theile Einsprache erhoben wird, so ist der näher verwandte Zweig zu dessen Aufnahme verpflichtet.

Wenn über die Vermögensantheile zwischen den sich theilenden Familien keine gütliche Uebereinkunft zu Stande kommt, so ist die Vertheilung des ganzen gemeinschaftlichen Vermögens vom Gemeinde-Ausschusse über vorläufig gepflogene Erhebung nach der Anzahl der männlichen Köpfe vorsunehmen.

§ 41. Alle vorbesagten Erfordernisse zur Theilung müssen überhaupt vor dem Gemeinde-Ausschusse nachgewiesen werden, für deren Erfüllung er verantwortlich ist. Demselben steht auch zu über vorkommende Ausnahmen jeder Art mit Vorbehalt des vorgeschriebenen Instanzenzuges zu erkennen.

§ 42. Ueber jede Theilung ist ein Vertrag vor der Gemeindebehörde schriftlich zu verfassen, von allen stimmberechtigten Gliedern zu fertigen, und von der Compagnie zu prüfen, zu bestätigen und in den Grundbüchern einzutragen.

§ 43. Die bisher mit Subnummern conscribirten Gränzhäuser sind als gesetzlich getheilt anzusehen, und es sind die Subnummern als selbständige Grenzhäuser zu conscribiren.

§ 44. Einzelne Personen und Familien können in ein Gränzhaus aufgenommen werden, wenn sie die Gränzobliegenheiten übernehmen und von ihren bisherigen Behörden die Entlassung beigebracht haben.

§ 46. Wenn die beiderseitigen Hausgenossen einwilligen, kann jeder Gränzer mit Bewilligung der Behörde aus seiner Communion in eine andere übertreten.

§ 46. Die Absiedlung aus der Gränze kann gestattet werden, wenn der Bewohner der Militärpflicht beim Feldstande entsprochen hat.

§ 47. Die Gränzer, welche sich von ihrem Hause trennen und sich in

arbeitsunfähig wird, der erhält seinen nothwendigen Lebensunterhalt aus dem gemeinschaftlichen Vermögen.

§ 4.

Erweiterung der Hauscommunion.

Viele Hausgenossenschaften, deren Mitglieder sich stark vermehren, erweitern sich zu Dörfern; daher stammen die zahlreichen patronimischen Dorfnamen[1] in jenen slawischen Gegenden, wo schon längst die Hauscommunionen aufgehört haben. Je grösser aber eine Communion wird, eine desto grössere Bedeutung erlangt die Würde ihres Aeltesten; er wird das Haupt einer Gens oder Gemeinde, und seine privatrechtliche Stellung nimmt den Character eines

ein anderes begeben, oder aus dem pflichtigen Gränzstande treten und dadurch von selbst aufhören Mitglieder der Hauscommunion zu sein, haben kein Recht auf das unbewegliche Hausvermögen.

§ 48. Individuen des Grenzstandes, welche, wie z. B. Officiere, Geistliche, Beamten, Gensdarmen u. s. w., in öffentlichen Diensten stehen, daher der im § 34 ausgesprochenen Bedingung gemeinschaftlichen Erwerbs nicht nachkommen, haben keinen Anspruch auf die Nutzniessung des Hausvermögens; es bleibt ihnen jedoch das Recht des Rücktrittes in ihre Hauscommunion, und von dem Zeitpunkte an, wo derselbe erfolgt, die Theilnahme an dem Vermögen des Communion gegen Uebernahme der damit verbundenen Pflichten gleich jedem andern Familiengliede vorbehalten.

§ 49. Bei welchen immer Verfügungen mit dem unbeweglichen Gute der Pupillen ist vorher die Einwilligung der Vormundschaft beizubringen. Die Aufnahme in die Communion eines Gränzhauses, welches Pupillen gehört, kann nur mit Zustimmung des Vormundes und der Vormundschaftsbehörde dann geschehen, wenn hieraus für die Pupillen Vortheile erwachsen.

[1] Vgl. Palacky, Geschichte von Böhmen. Prag, 1836, Bd. I, S. 58 fg.

öffentlichen Amtes an. In solchen Fällen tritt jedoch in der Regel eine Theilung der ursprünglichen Gemeinschaft ein, und es bilden sich aus derselben neue Hausgenossenschaften, die für sich unabhängig unter ihren besonderen Hausältesten stehen; sie wählen sodann einen Stamm- oder Dorfältesten, welcher die gemeinsamen Geschäfte der Dorfgemeinde zu besorgen hat.

§ 5.

Die Shupanien[1].

Die Vereinigung mehrerer Hausgenossenschaften und Gemeinden zu einer grösseren politischen Gemeinschaft, sei es zur Regelung polizeilicher oder wirthschaftlicher Angelegenheiten, oder zu einem nothwendigen Schutz- und Trutzbündnisse, bildet eine Shupanie, zu deren Vorsteher die Haus- und Gemeindeältesten den tüchtigsten aus ihrer Mitte zum Shupan (comes)[2] wählen. Dieser hat in Friedenszeiten für Recht und Ordnung auf seinem Gebiete einzustehen und hauptsächlich das Richteramt zu pflegen; alle wichtigen Angelegenheiten aber, welche die ganze Shupanie betreffen, berathet und entscheidet die Versammlung der Haus- und Gemeindeältesten. In Kriegszeiten war der Shupan der

[1] Vgl. Palacky, a. a. O.

[2] Die ungarische Comitatsverfassung ist eine slawische Institution; die slawischen Wörter Shupan und Shupania sind in Gespann (ung. ispan) und Gespannschaft (recte Shupanschaft) corrumpirt worden.

Kriegsführer (Wojwod); seine Macht und Bedeutung richtete sich sowohl nach seiner persönlichen Tüchtigkeit wie nach der Grösse des Gebiets, welchem er vorstand. Die alten Slawen hatten keine Fürsten in dem Sinne wie sie andern Völkern eigen waren, sondern lebten nur unter gewählten, verantwortlichen und absetzbaren Vorstehern[1].

§ 6.

Entstehung und Schicksal slawischer Staaten.

Bei grösseren Kriegsgefahren vereinigten sich zum besseren Schutze des gemeinsamen Landes mehrere Shupanien zu einer Grossshupanie oder Grosswojwodschaft und wählten zu deren Oberhaupte einen Grossshupan oder Grosswojwod; ein so gebildeter Staat war demnach ein Bund von autonomen Shupanien, die ebenfalls aus autonomen Communionen bestanden. Der slawische Fürst regierte sein Land, wie jeder Hausälteste seine Familiengenossenschaft;

[1] Procopii Cæsariensis, De bello Gothico, l. III, c. 14: Et vero hi populi, Sclaveni inquam et Antae, non uni parent viro, sed ab antiquo in populari imperio vitam agunt: ac propter ea utilitates et damna apud ipsos in commune vocari solent. Aliarum etiam rerum fere omnium ratio apud utrisque barbaris servatur eadem, fuitque olim constituta.

Constant Porphyr, De administratione imperii cap. 29: Principes vero, ut ajunt, hæ gentes (Chrobati, Serbli, etc.) non habent, præter supanos senes, quem ad modum etiam reliqui Sclavorum populi.

Dithmar Merseb, l. VI, p. 151. His omnibus qui communiter Liutici vocantur, dominus specialiter non præsidet ullus; unanimi consilio ad placitum suimet necessaria discutientes in rebus efficiendis omnes concordant, etc.

seine Herrscherbefugnisse waren nach den Privatgesetzen der Hauscommunion bestimmt und nach allen Seiten beschränkt; er konnte keinen bedeutenden Staatsact ohne die Zustimmung der Familienhäupter, Shupane und Wojwoden unternehmen. Bei einer solchen Verfassung konnte der Staat eine eingreifende Thätigkeit nicht entfalten und nicht dauernd bestehn, denn die Hoheit der Familie und die unbeschränkte individuelle Freiheit ist mit der Entwicklung der Staatsgewalt unvereinbar; die Autonomie der kleineren Organismen entzieht ihm alle Kraft und befördert den inneren Zwist, so dass sich der Staat entweder von selbst auflösen oder jedem Eroberer zur Beute fallen muss. Deutliche Belege dafür gibt uns die Geschichte Polens und Serbiens[1].

§ 7.

Der Adel und die Sklaverei.

So lange bei den Slawen das strenge Princip der demokratischen Gleichberechtigung herrschte, gab es bei ihnen weder Adel noch Sklaverei; diese zwei Stände sind erst aus der Berührung mit anderen Völkern erwachsen. Die Slawen waren alle frei und behielten, so lange sie nicht zu Repressalien gezwungen waren, auch die Kriegsgefangenen nicht

[1] Vgl. Palacky, a. a. O., S. 168 fg.
P. J. Schafarik, Geschichte der südslawischen Literatur. Bd. III, Einleitung.

in der Knechtschaft[1]. Der Krieg jedoch gab die erste Veranlassung sowohl zur Entstehung eines bevorzugten wie eines unterdrückten Standes. Kriegerische Auszeichnung, grosser Grundbesitz und persönlicher Einfluss waren bei den Slawen wie bei andern Völkern die natürliche Stufenleiter, welche zum Adel und im Gegensatz zu demselben zur Knechtschaft führten. Es gelang zuerst einzelnen Kriegsführern oder Wojwoden sich eine unabhängige Macht zu verschaffen und die durch Wahl verleihbare Würde ihren Familien erblich zu sichern; sodann wurden viele Communionen aufgelöst, und wer Macht hatte, der eignete sich einen grossen Grundbesitz als Privateigenthum an. Dadurch wurde eine Menge Volkes besitz- und rechtlos und der Gnade oder Ungnade des Herrn, dessen Grund und Boden es bewohnte und bebaute, preisgegeben. Reichthum und Macht auf der einen Seite, erzeugten Ansehen und Vorrechte, Luxus und Tyrannei; Armuth und Ohnmacht auf der anderen Seite Verachtung und Rechtlosigkeit, Noth und Knechtschaft.

[1] Maurici Strategicon, l. XI, p. 273: Qui sunt in captivitate apud eos, non omni tempore, ut apud gentes alias, in servitute tenentur, sed certum eis definitur tempus, in arbitrio eorum reliquendo, si oblata mercede velint dein reverti ad suos; aut manere apud ipsos liberi et amici.

Bamberger Urkunde aus dem Jahre 1136, veröffentlicht von Hormayr in den Wiener Jahrbücher der Literatur, Bd. 39, Anz. Bl., S. 37: Quædam mulier Gothelindis nomine, cum esset libera, sicuti Sclavi esse solent.

Vgl. Palacky, a. a. O., S. 192 fg.

§ 8.

Die Sonderfamilie.

Jede Communion kann in Sonderfamilien oder Familien im engeren Sinne des Wortes aufgelöst werden, und jede Sonderfamilie wieder eine Communion begründen. Aus dieser Wechselbeziehung ergibt sich, dass in beiden Arten von Familien im Wesentlichen dieselben Rechtssitten gelten. — In der Sonderfamilie herrscht jedoch der pater familias gleich dem römischen und germanischen jure proprio nicht jure delegato und ebenso ist er der alleinige Eigenthümer des Familienvermögens. Ueber seine Kinder hat er die unbeschränkte auctoritas paterna und das jus corrigendi, aber nicht die potestas dominica und das jus vitae necisque, wie der römische und germanische; er ist der Herr und Gebieter seiner Frau, darf sie jedoch nicht als Sklavin behandeln, rechtlos verstossen, verkaufen oder tödten, es sei denn, dass sie eine solche Strafe sich durch ihre Verschuldung zugezogen hätte, wie z. B. durch Ehebruch[1].

[1] In der Vita S. Alberti schreibt der Biograph um das Jahr 994 über die Rechtssitte bei den böhmischen Slawen: Mulier cujusdam nobilis cum clerico adulterasse publice arguitur, quam cum more barbarico decapitare quærerent, fugit illa ad episcopum. Rapitur in felix frustra pressis altaribus et sub manu conjugis capitalem jussa est subire sententiam. Quod cum ille velut vir justus facere nollet, sub gladio vilis vernulæ truncata pœnæ male usi corporis capite exsolvit.

Montenegrinisches Recht, § 72: Ereignet es sich, dass einem Montenegriner oder Berdaner sein Weib untreu wird und betrifft er es

Die slawische Frau ist die Hauptwirthin des Hauses, sie schaltet und waltet darin auctoritate propria nicht potestate delegata; in ihrer Obsorge ist die Erziehung der Kinder und die Leitung des weiblichen Personals; über das Familienvermögen hat sie so weit das Verfügungsrecht, als sich ihr wirthschaftlicher Wirkungskreis erstreckt. Hühner, Gänse und Enten, Flachs und Linnen, sowie überhaupt Producte, die nur durch weibliche Arbeit beschafft werden, sind ihr Sondereigenthum; dafür muss sie aber die Bedürfnisse des weiblichen Hausgesindes bestreiten.

§ 9.

Die Ehe.

Die Ehe begründet das Familienleben und der juristische Character der Eheschliessung ist von eingreifendem Einfluss auf die Rechtsverhältnisse der Familie. Die Ehe entsteht durch Vertrag, aber die Art und Weise wie dieser Vertrag geschlossen wird, ist bei den Slawen eine wesentlich andere wie bei den Germanen. Die germanische Eheschliessung geschah durch die emtio venditio, der Bräutigam kaufte die Braut von ihrem Vater oder einem andern Vormund; damit eine rechtliche Ehe zu Stande kam, war die Beobachtung dieser Form nothwendig. Die slawische Ehe dagegen, beruht auf dem mutuus

auf dem Ehebruche, so ist ihm erlaubt den einen wie den andern Theil zu tödten; entflieht aber das Weib, so soll sie keine Stätte mehr in unserm Lande haben.

consensus der Nupturienten, ihr Zustandekommen ist von keiner strengen juristischen Form bedingt und kann selbst durch Flucht, Entführung und Raub der Braut bewirkt werden.

Die Kirche, welche lehrt dass die Ehe ein Sacrament sei, kämpfte gegen die vertragsmässige und formlose Eheschliessung und erwirkte für Serbien erst unter Zar Duschan, 1349, ein Gesetz, welches die Giltigkeit der Ehe an die kirchliche Trauung und Einsegnung knüpfte[1].

Nach den historischen Urkunden und nach den noch geltenden alten Rechtssitten, sind folgende Hauptarten der slawischen Eheschliessung anzuführen:

a) Der Bräutigam wirbt um die Braut bei ihren rechtmässigen Verlobern, bei ihren Aeltern oder Brüdern, und in der Communion bei dem Hausvater; ist seine Werbung angenehm, so wird ihm die Braut versprochen, wobei er ihr den Angelobungsring darreicht[2].

[1] Das serbische Gesetzbuch des Zar Duschan bestimmt: Art. 4. Edelleute und andere Menschen sollen ohne Einsegnung ihres Prälaten nicht heirathen; oder sie sollen sich von denen einsegnen lassen, welche von den Prälaten zu Geistlichen bestellt sind. Keine Hochzeit soll ohne Trauung stattfinden. Geschieht sie ohne Trauung und Erlaubniss und Einsegnung der Kirche, so sollen solche geschieden werden. Cf. Kucharski, Antiquissima monumenta juris Slovenici, p. 171.

[2] Auch bei den Slawen gilt die Regel:

Ist der Finger beringet —
Ist die Jungfer bedinget.

Diese Rechtssitte erwähnt ein altserbisches Volkslied:

Da versetzte der gelehrte Richter:
« Gibt zum Liebespfand man einen Apfel,
Gibt Basilicum zum Wohlgeruche:
Doch den Ring nur gibt man zum Verlöbniss
Wer den Ring gab, dem gehört das Mädchen. »

(Talvy, Serbische Volkslieder, Bd. II, S. 91).

Geschlossen wird die Ehe durch eine feierliche Zuführung und Uebergabe der Braut an den Bräutigam[1].

Die Nupturientin wird dadurch aus ihrem bisherigen Familienverbande entlassen und in eine andere Genossenschaft aufgenommen; tritt sie aus einer Gütergemeinschaft, so muss sie für ihren Antheil eine entsprechende Entschädigung, d. h. eine angemessene Ausstattung oder Mitgift erhalten.

b) Der Bräutigam verschafft sich seine Braut ohne Wissen und Willen, ohne Verabredung und Zustimmung ihrer rechtmässigen Verlober, nämlich durch Flucht der Braut aus ihrer Familie oder durch Entführung und Raub. Hiebei sind nun zwei Fälle von besonderen Rechtsfolgen zu unterscheiden:

α) Hat die Braut freiwillig ihre Familie selbst verlassen, oder hat sie sich mit dem Entführer zur Entführung verabredet, so wird und bleibt sie ohne Weiteres die rechtlich anerkannte Frau ihres selbstgewählten Gemahles[2], aber sie hat keinen Anspruch auf eine Ausstattung oder dos[3].

[1] Nestor gebraucht für die Bezeichnung der förmlichen Eheschliessung immer das Wort «zuführen»; cf. Miklosisch, Chronicon Nestoris, c. X, wo der Chronist von den Ehen der Poljanen spricht; c. XXI: es war dem Fürsten Igor Olga als Frau zugeführt; so erwähnt er die Ehe des Fürsten Jaropolk, Wladimir u. a.

[2] Das montenegrinische Recht bestimmt:

§ 70. Folgt aber ein Mädchen dem ledigen Manne freiwillig ohne Vorwissen ihrer Aeltern, so kann man ihnen nichts anhaben, da sie die Liebe selbst verband.

[3] Gleich dem südslawischen Gewohnheitsrechte bestimmte das Statut des Polenkönigs Kasimir d. G. De raptu virginum: filia vero sine voluntate parentum raptori consentiens, vel se procurans recipi a raptore, etsi

β) Wird die Braut wider ihren Willen geraubt, so hat vorläufig ihre Familie die Pflicht, den Räuber aufzusuchen und ihn zur strengen Verantwortung zu ziehen. Ist es überhaupt möglich seiner habhaft zu werden, so kann er, wenn sich die geraubte Braut nicht für ihn erklärt, getödtet werden; will diese aber seine Frau sein, so hat es dabei sein Bewenden. Kann man aber dem Brauträuber nicht beikommen, und verbleibt die Geraubte später freiwillig bei ihm als Frau, so wird die Ehe zwar rechtsgiltig, die geraubte Frau erhält jedoch in keinem Falle irgend eine Ausstattung oder Erbschaft von ihrer angestammten Familie[1].

postmodum matrimonialiter fuerit copulata, nihilo minus dotem amittat, ita quod parentes seu amici ejus non tenentur. — Cf. Burzynski, Polnisches Privatrecht, Bd. II, S. 89 f.

[1] Das südslawische Gewohnheitsrecht spricht sich über die Fälle unter *b* im folgenden serbischen Volksgedichte aus:

. . . .
« O ich möchte um dich werben!
Doch man wird dich mir nicht geben;
Dich mir rauben, — kann's allein nicht,
Locken dich, — du wirst nicht kommen! »
Ihm erwiederte die Jungfrau:
« Wirb nicht um mich, junger Knabe!
Denn man wird mich dir nicht geben!
Raub' mich nicht! — Du wirst fallen,
Denn ich hab' der Brüder Neune,
Und von Vettern eine Heerschaar,
Wenn auf schwarzen Ross sie sitzen,
Mit dem scharfen Schwert gegürtet
Schiefgerückt die Wolfsfellmützen
Furchtbar ist es anzuschauen,
Grau'nvoll solch ein kühn Begegnen!
Sünde wär's dabei zu fallen,
Schande aber zu entfliehen! —
Lieber locke mich — ich komme! »

Talvy, a. a. O., Bd. II, S. 35; zu vgl. auch Bd. II, S. 2. Einleitung.

c) Eine eigenthümliche Art von Eheschliessung, welche aber auf das deutlichste bezeugt, dass die slawische Ehe nur auf dem mutuus consensus der Nupturienten beruhte, hat der Chronist Nestor überliefert[1]. Dieser erzählt von den heidnischen Drewiern, Radimicen, Wiaticen und Seweriern, dass sie keine förmliche Ehen hatten, sondern zu gewissen Zeiten in den Dörfern lustige Spiele anstellten, wo Mädchen und Burschen zu Sang und Tanz zusammen kamen und mit einander Bekanntschaft machten, worauf sich jedes selbstgewählte Paar als Mann und Frau erklärte; freilich war der fromme Mönch über eine solche Sitte höchst empört.

Das characteristische der germanischen Ehe ist, dass durch dieselbe die selbständige Vermögensverwaltung der Frau aufhört und auf den Mann übertragen wird; der Mann ist des Weibes Vogt und

[1] Nestors Chronik. Miklosich, C. X. Schlözer, Bd. I, Kap.·XII, S. 124 fg. «Sie (die Polen, Radimicen, Drewier, Krivicen) aber hatten ihre Gewohnheiten, Gesetze und Ueberlieferungen von ihren Vätern her, Alles hat seine Art. Die Polen hatten die Art ihrer Väter, sie waren still und sanft und bezeugten ihren Schwiegertöchtern und Schwestern, ihren Müttern und Aeltern, ihren Schwägern und Schwiegervätern viele Ehrfurcht; auch förmliche Ehen hatten sie; der Bräutigam pflegte nicht selbst seine Braut zu holen, sondern man führte sie ihm des Abends zu, und den andern Morgen brachte man das, was man ihr als Ausstattung zur Ehe gab. Die Drewier hingegen lebten auf thierische Weise; wie Vieh lebten sie. Einer brachte den Andern um, alles Unreine assen sie. Sie hatten keine förmlichen Ehen, sondern sie pflegten die Jungfern zu entführen. Die Radimicen, Wiaticen und Severier hatten einerlei Sitten. Vor Aeltern, Schwiegertöchtern und Brüdern hatten sie keine Scham, auch hatten sie keine förmlichen Ehen, sondern sie stellten lustige Spiele in den Dörfern an, wo sie zum Sang und Tanz und allen teuflischen Spiel zusammen kamen, und da entführte sich jeder das Weib mit dem er eins geworden war.»

Meister, sowohl was ihre Person, als was ihr Vermögen anlangt[1]; eine solche gesetzliche Gütereinheit der Ehegatten widerstrebt der slawischen Rechtsanschauung; die slawischen Ehegenossen schliessen vielmehr eine Lebensgemeinschaft, in welcher sie sich vertragsmässig Rechte gegenseitig einräumen oder beschränken können. Da ferner die Ehe nur auf einem mutuus consensus beruht, so kann sie auch durch einen contrarius consensus wieder gelöst werden; gegen den Willen aber und ohne eine rechtliche Ursache kann kein Ehegatte den andern verstossen; die Ehescheidung muss in gesetzlicher Ordnung geschehen, so dass alle vermögensrechtlichen Verhältnisse geregelt werden. Der Mann, welcher sich von seiner Frau scheidet, ist verpflichtet für ihren Unterhalt zu sorgen, es sei denn, das sie zur Strafe in Folge eines schlechten Lebenwandels den Anspruch darauf verloren hat[2].

§ 10.

Der Muntschatz.

Der Muntschatz, d. h. der Kaufpreis, welchen der germanische Bräutigam dem rechtmässigen Verlober und Vormund seiner Braut bezahlte, um die ehe-

[1] By the marriage the husband and wife are one person; that is, the very being or legal existence of the woman is suspended during the marriage, or at least is incorporated and consolidated into that of the husband. — Blackstone, Commentaries on the laws of England, B. II, p. 441.

[2] Cf. Monumenta Serbica, p. 14 sq. — Montenegrinisches Recht, §§ 67, 75, 76, 77.

liche Vormundschaft über dieselbe zu erlangen, kommt im slavischen Rechte nicht vor, da, wie im vorigen Paragraph gezeigt wurde, die slawische Ehe nicht auf dem Kaufvertrage, sondern auf einem lediglich auf die Ehe gerichteten mutuus consensus beruht. Das Gegentheil wird zwar vielfach behauptet, aber ist nicht zu beweisen, denn es gibt keine historische Urkunde, aus welcher man constatiren könnte, dass bei irgend einem slawischen Stamme die Rechtssitte des Fraukaufes gegolten hätte. Die Belege, welche man dafür anführen will, erweisen sich bei einer näheren Untersuchung falsch und unanwendbar. In der Ansicht, dass bei den Slawen wie bei den Germanen der Brautkauf stattgefunden habe, hat vorzüglich Schlözer durch eine unrichtige Auffassung und falsche Uebersetzung der im vorigen Paragraph, Note 7, citirten Stelle der slawischen Chronik, Veranlassung gegeben. Seine Uebersetzung war für die slawische Alterthumskunde Epoche machend, und da nur Wenigen der Urtext verständlich sein konnte, so las man nur die deutsche Uebersetzung, und der Irrthum galt für Wahrheit[1].

[1] Die fragliche Stelle ist nach Schlözer's Nestor, B. I, Kap. 12, S. 124 fg., in lateinischer Transcription und in deutscher Uebersetzung folgende:

I braczny obyczai imijachu, ne choshasze shenich po neviestu, no privoshachu veczer, i za utra prinoszachu czto na nei vdadusze. — Auch förmliche Ehen hatten sie, der Bräutigam ging nicht selbst seine Braut zu holen, sondern man führte sie ihm des Abends zu, und den anderen Morgen brachte man das, « was für sie gegeben wurde. » —

Eine zweite derartige Ansicht, die auch ohne weitere Prüfung und Untersuchung allgemeinen Glauben fand, war durch Talvy und Wilda, die deutschen Uebersetzer der serbischen Volkslieder, verbreitet: Bei Talvy, Serbische Volkslieder, B. II, Einleitung S. 2, wird erzählt: «Ueblicherweise übernimmt der Vater oder der Bruder des Bräutigams oder sonst ein naher Verwandter die Werbung. Hiebei darf ja nicht versäumt werden, den Angehörigen der Jungfrau Geschenke zuzutheilen; z. B. dem Bruder ein Paar Stiefeln, der Mutter ein Kleid, etc., vor Allem aber muss Geld ins Haus. Der Preis der Mädchen war nach und nach so gesteigert, dass ein Armer sich nicht mehr verheirathen konnte und der schwarze Georg für nöthig fand das Maximum auf einen Ducaten fest zu setzen.» — Dieser letzte Satz wird allgemein als baare Münze angenommen und gesagt, bei den Südslawen bestehe noch in diesem Jahrhundert das Recht des Fraukaufes. Hiebei wird nicht bedacht dass die «Geschenke» die der Bräutigam den Angehörigen seiner Braut gibt, juristisch keinen Kaufpreis darstellen, sondern nur «Geschenke» sind. Die Angehörigen der Braut pflegen ebenso Geschenke an den Bräutigam zu machen, man

Es ist nicht zu begreifen, wie Schlözer den letzten Satz, « czto na nei vdadusze », so gegen die Bedeutung der einzelnen Wörter, gegen die grammatische Construction und gegen allen Sinn und Zusammenhang mit « was für sie gegeben wurde » verdeutschen konnte. Wörtlich würde die Stelle deutsch lauten: Und des Morgens brachten sie (die Angehörigen der Braut) das was sie (die Angehörigen der Braut) auf sie (die Braut) hinein gaben — d. h. was sie ihr in die Ehe zur Ausstattung gaben. — Vgl. § 9, Note 7.

trachtet, sich gegenseitig zu überbieten, und gegen diesen Missbrauch wurde im Jahre 1849 ein Gesetz erlassen. Solche Gesetze haben nur den Charakter polizeilicher Luxusbeschränkungen. Die Schwierigkeit eines Armen sich zu verheirathen, besteht darin, dass er um ein Mädchen, welches reicher ist als er, nicht leicht werben kann, indem der conservative serbische Bauer, wie der deutsche, keinen Bettler, wie er sagt, zum Schwiegersohne haben will, sondern seine Tochter nur einem solchen Werber bereitwillig zur Frau gibt, der ihm am Vermögen ebenbürtig ist.

Dass auf der slawischen Balkan-Halbinsel Fraukäufe vorkamen und auch heutzutage noch stattfinden, ist eine Thatsache; aber man würde sich sehr täuschen, wenn man das als eine altslawische Rechtssitte ansehen wollte, was nur in dem mohamedanisch-türkischen Rechte seinen Grund und Bestand hat. Man darf hiebei nicht vergessen, dass viele Serben Bekenner des Islam geworden sind und dass sie demnach auch nach dem mohamedanischen Rechte leben. Von diesem Gesichtspunkte muss man auch die serbischen Volkslieder, welche vom Mädchenkaufe sprechen, beurtheilen; sie stammen von mohamedanischen Serben[1].

[1] Als Beispiele kann man anführen:

> «Schwarzaug-Blauaug» — ein Mädchen klagt:
> Wann wird wohl die schöne Zeit mal kommen,
> Dass man anfängt Knaben zu verkaufen?

«Hajkumas Hochzeit» u. a. Talvy, a. a. O., B. I, S. 165, B. II, S. 16.

§ 11.

Die Aussteuer.

Die slawische Aussteuer kommt unter verschiedenen Namen vor: die Südslawen nennen sie percia, die Russen pridanoe, die Polen posag und die Böhmen veno. Die Töchter erhalten kein Erbe so lange Söhne vorhanden sind und ihre Aussteuer besteht demnach nur aus beweglichem Vermögen, und zwar gleich der germanischen Gerade, aus Gegenständen, welche der Frau für ihre persönlichen und wirthschaftlichen Bedürfnisse nothwendig sind, wie Kleider, Kleidungsstücke, Flachs, Linnen, Schmuck, Federvieh etc. und Geld. Die Grösse der Aussteuer richtet sich nach den Vermögensverhältnissen der Familie; in der Communion bestimmt sie, mit Einvernehmung der Hausgenossen, der Hausvater; in der Sonderfamilie ist es dem freien Willen und Ermessen der Aeltern anheimgestellt ihre Tochter auszusteuern[1]; nach dem Tode derselben aber liegt den Brüdern die Pflicht ob, ihre Schwestern zu verheirathen und demgemäss auszustatten[2], und zwar so, wie es die Aeltern thun

[1] Montenegrinisches Recht, § 51: Heirathet eine Tochter, so erhält sie nach unserer Landessitte keinen Antheil, wohl aber eine Mitgift, welche ihr die Aeltern bei ihrer Verehelichung freiwillig mitgeben.

[2] Quae si fratrem vel fratres habeant ipsi teneantur eas maritare. Stat. Rag. a. 1272. Cf. Bogisić, Rad jugoslovenske akademije, vol. V, p. 137.

würden, wenn sie noch am Leben wären, oder gleich einer schon verheiratheten und ausgesteuerten Schwester. In Polen galt das Gewohnheitsrecht, dass wenn der Vater letztwillig der Tochter kein Heirathsgut bestimmt hatte, ihr Bruder verpflichtet war zwei Schwert und zwei Spillmagen zu einem Familienrathe zu berufen und mit ihnen die Aussteuer zu bestimmen, welche binnen einem Jahre nach der Verheirathung der Schwester gezahlt werden musste. In Litthauen galt das Viertelrecht, d. h. der vierte Theil des Gesammtvermögens gehörte der Schwester oder den Schwestern[1]. Die Statuten der freien Stadt Ragusa setzten für die Mitgift und für die Geschenke, welche dem Bräutigam von den Angehörigen der Braut gegeben werden durften, ein Maximum fest, dessen Ueberschreitung mit strengen Strafen geahndet wurde. Im Jahre 1504 erwirkte die Republik gegen diejenigen, welche sich nicht an das gesetzliche Maximum hielten, vom Papste die grosse Excommunication, a qua, qui in eam incurrunt absolvi non possint nisi per sedem apostolicam[2].

In der Sonderfamilie wird die Aussteuer, ausser dem Theil, welchen sich die Frau zu ihrer allei-

[1] Fratres dotem sorori per patrem indotatae, infra unum annum post mortem paternam ex consilio duorum ex linea paterna, duorum ex materna coniunctorum, assignent; quam dotem infra unum annum post desposationem, eidem reddant, vel sortem bonorum dotis nomine in possessionem dent. Cf. Burzynski, Prawo polskie, vol. II, p. 245. (Vgl. Maciejowski, Slawische Rechtsgeschichte, Bd. IV, S. 385.)

[2] Bogisić u. s. cit.

nigen Verfügung vorbehält[1], dem Mann zum usus fructus übergeben und bleibt demnach im ausschliesslichen Eigenthum der Frau auch während der Ehe[2]. Besteht die dos jedoch in Geld, so geht dieses zwar in das Eigenthum des Mannes über, aber er hat dessen ungeachtet daran nur einen quasi usus fructus, denn sein ganzes Vermögen haftet für die Sicherheit der ihm übergebenen Summe. Besitzt der Mann kein Vermögen, so darf er auch die dos nicht zur Bezahlung seiner Schulden verwenden[3]. Ueberhaupt sind die slawischen Gesetzgebungen ängstlich darauf bedacht, dass die Aussteuer der Frau vom Verluste sicher bleibe; neben anderen Sicherungsmitteln verpflichten sie den Mann die dos durch eine aequivalente contrados, für welche sein Immobiliarvermögen verpfändet wird, zu garantiren. Die polnischen, litthauischen und massovischen Gesetze bestimmen, dass die dos mit der contrados, welche beide man mit dem Namen «reformatio[4]»

[1] Den Theil der dos, welchen die Frau nicht dem Manne übergab, sondern zu ihrem eigenen Gebranche für sich behielt, nannten die polnischen Juristen, die lateinisch schrieben, «parafarnalia», und gaben darüber folgende Erklärung: Parafarnalia vocantur proprie illae res, quas mulier in aedes mariti intulit: ut sunt vestes muliebres et instrumenta ad usum muliebrem pertinentia, quasi juxta dotem datae; caetera vero vocantur illa omnia instrumenta et ornamenta domestica, quibus pro usu quotidie utuntur, et quae mater familias plerumque in sua cura habet. Cf. Burzynski u. s. cit., p. 149.

[2] Stat. Rag. Bogisić, p. 138.

[3] Eodem.

[4] Processus judiciarius Cracoviae a. 1612, De Reformatione: «Reformatio est inscriptio qua dos a marito uxori inscribitur. — Secundum usum antiquum iste est sensus illius: quod maritus tam magnam sum-

bezeichnet, in die Grundbücher eingetragen werden müsse. Die reformatio hat den Zweck als «custos dotis» zu dienen, denn die nicht reformirte dos geht in das Vermögen des Mannes über, und wird dadurch für die Frau verloren. Nach dem böhmischen Rechte haftet ein interceptor dotis für das Vermögen der Frau [1]. Die Statute von Ragusa wollten für alle Fälle die dos sicher stellen [2] und gaben ihr ein höchst privilegirtes Pfandrecht am ganzen Vermögen des Mannes. Den Empfang der dos musste der Mann durch eine streng vorgeschriebene Form bestätigen [3].

§ 12.

Die Morgengabe.

Das Institut der slawischen Morgengabe ist von dem germanischen wesentlich verschieden: die germanische Morgengabe ist ein Geschenk welches der

mam quam post uxorem recepit, illi in medietate bonorum omnium suorum haereditariorum et obligatoriorum mobilium et immobilium habitorum et habendorum ratione dotis; et aliam summam similem, ratione dotalitii inscribit, reformat, ac dotaliter assecurat. Quae bona illa habebit, tenebit, et possidebit, in summa dotis et dotalitii, juxta vim et continentiam aliarum reformationum in Regno hoc observatarum.» Cf. Burzynski u. s., vol. II, p. 141.

[1] Vgl. Maciejowski, a. a. O., B. IV, S. 397 fg.

[2] Stat. Rag.: Intentionis nostrae est, ut semper et in omni casu dos sive perchium mulierum sit salvum.

[3] Stat. Rag.: Quam quidem dotem habui et recepi, super me et omnia bona mea, secundum ordinem et consuetudinem Ragusii. — Confiteor habuisse et recepisse pro dote et perchivio super me et omnia bona mea secundum legem et consuetudinem Ragusii. Cf. Bogisić u. s. cit., p. 140.

Mann seiner Frau am Morgen nach der ersten Brautnacht verehrt, die slawische dagegen besteht aus Gaben, welche der Neuvermählten am ersten Morgen nicht nothwendiger Weise von ihrem Manne, sondern von ihren Angehörigen, Freunden und Hochzeitsgästen gegeben werden. Dieses Institut kommt bei den Südslawen heutzutage theils noch in seiner ursprünglichen Bedeutung vor, theils hat es nur dem Namen nach Spuren von seiner früheren Existenz hinterlassen. Unter allen slawischen Stämmen hat der serbo-kroatische noch am reinsten seine uralten Eigenthümlichkeiten bewahrt; so findet auch bei ihm die Beschenkung der jungen Frau noch in der Weise statt, wie sie Nestor im 11. Jahrhunderte schon als eine alte Gewohnheit bei den Polen bezeichnete[1]. Die Neuvermählte erhält nämlich am ersten Morgen nach der Zuführung von ihren Angehörigen, Freunden und Hochzeitsgästen verschiedene Geschenke, wie Schmuck, Geld, Kleider, Kleidungsstoffe, Flachs, Geräthe u. dgl., welche Gaben in vielen Fällen ihre ganze Ausstattung bilden[2].

[1] Vgl. § 9, N. 7.

[2] Vgl. Talvy, Serb. Volkslieder, B. II, Einleitung, S. XVI:

« Im Hause des Bräutigams bringen die eingeladenen Gäste der Braut Geschenke, wie Tücher, Flachs, etc. — Früh am Morgen geht sie mit Becken und Handtuch umher und giesst einem Gast nach dem andern Wasser über die Hände, wofür ein jeder ein Stück Geld in das Becken wirft. Einige Gäste nehmen sich der Braut an und suchen ihr durch allerlei Spiele und lose Streiche Geld zu erwerben; ihr selbst sind zu diesem Endzweck allerlei Listen erlaubt, und je weiser sie darin geht, desto höher steigt sie in der Meinung der Gäste.»

(Vgl. auch das Gedicht « die Brautgabe », B. I, S. 6).

Die Slowenen bezeichnen mit dem Worte Morgengabe (juterna)[1] die Ehepakten, ein deutlicher Beweis, dass diese gegenwärtig nur so zu sagen symbolische Benennung auf einem Institute beruht, welches ursprünglich bei ihnen, sei es nach der germanischen oder slawischen Rechtssitte, faktisch bestanden hat, im Laufe der Zeit aber, wie die deutsche Morgengabe, in eine Wittwenversorgung übergegangen ist.

§ 13.

Rechte der Frau.

In der Hauscommunion herrscht das Princip der vollkommenen Gleichberechtigung beider Geschlechter; dieser Umstand hat nun zur Folge, dass die slawische Frau von jeher auch in der Sonderfamilie frei und möglichst selbständig ist[2]. Eben so folgt aus dem rechtlichen Character der Eheschliessung, dass der Mann weder über die Persönlichkeit der Frau noch über ihr Vermögen grössere Rechte erlangen kann, als sie ihm vertragsmässig eingeräumt werden. Das sittliche Verhältniss der ehelichen Lebensgemeinschaft und der Familienorganisation so wie die Schwächen des weiblichen Geschlechtes bedingen es

1 Das Wort « juterna », von « jutro », der Morgen, entspricht vollkommen dem deutschen Ausdrucke Morgengabe.

2 Vgl. Sachsenspiegel, III, 73, § 3: Man sagt daz alle Wendinen vri sin.

Bamberger Urkunde, a. a. O.: Quædam mulier Gothelindis, cum essit libera, sicuti Sclavi solent esse.

jodoch, dass der Mann der Herr und Beschützer seiner Frau sei und sie vor und ausser Gericht vertrete. Die slawischen Rechte bestimmten daher, dass die Frau während der Abwesenheit ihres Mannes einer gerichtlichen Vorladung nicht Folge zu leisten brauche, und thue sie es, so sei dieser nicht verpflichtet die ohne sein Beisein erfolgte Entscheidung anzuerkennen[1], nisi pro hereditate illa quam non subjugavit[2]. Die Einheit der ehelichen Lebensgemeinschaft erfordert es auch, dass der Mann alle ehelichen Güter verwalte; aber dem slawischen Ehegatten ist die Verwaltung über die dos und contrados nicht unbedingt gesichert, sie kann ihm unter Umständen, welche das Heirathsgut gefährden, entzogen werden, worauf die Frau ihr ganzes Vermögen entweder selbst verwaltet oder sich zu diesem Zwecke einen verlässlichen Curator wählt[3]. Hat der Mann das Heirathsgut oder irgend einen Theil des beweglichen oder unbeweglichen Vermögens der Frau ohne ihre Zustimmung veräussert, so kann sie selbst oder durch einen Stellvertreter dagegen Ein-

[1] Zar Duschan's Gesetzbuch, § 76:

Der Gerichtsanwalt soll sich nicht wagen an eine Frau, wenn ihr Mann nicht zu Hause ist, noch soll eine Frau ohne ihren Mann vorgeladen werden, sondern die Frau soll dem Manne Kunde geben, dass er zu Gerichte gehe. Daran soll der Mann nicht Schuld sein bis sie ihm Kunde gibt.

Stat. Rag. Bogisić, p. 140.

[2] Ordo judicii teræ (Bœmiæ), § 75 in fine: Uxor nulli contra eam agenti tenetur respondere nisi pro hereditate illa quam non subjugavit.

[3] Maciejowski, a. a. O., B. II, S. 217.

sprache erheben und die Veräusserung unwirksam machen[1].

Vermögensgegenstände, welche die Frau ausser der dos, sei es von ihren Angehörigen oder von dritten Personen erhält, bleiben in der Regel ihr unbeschränktes Eigenthum, worüber sie auch ohne die Zustimmung ihres Mannes frei verfügen kann[2].

Nach dem böhmischen Rechte darf die Frau in Angelegenheiten, welche den Schutz ihrer Person und ihres Vermögens betreffen, auch selbständig vor Gericht Klage führen[3].

1 Ordo judicii terræ, § 76: Item notandum, si aliquis hereditatem dotalem obligatam vel hereditariam uxoris suæ alicui vendiderit, aut alienaverit quoque modo eadem uxor per se vel per aliquem amicum suum infra tres annos a die alienationis ipsius et sex septimanas defendere debet et dicere, se habere in ea hereditate talem dotem et citare debet ter hereditatis ipsius possessorem et hoc in tabulas consignare et ibi cessare ab actione, donec maritus ejus suum diem clauserit extremum, tunc eo mortuo ipsa uxor in causa eadem poterii procedere exceptione actoris facta, quod præscripsit vel alia qualibet non obstante ipsam causam in eo puncto quo dimiserat resumendo.

2 Stat. Rag. Bogisić, p. 139.

3 Ordo judicii terræ, § 75: Ceterum notabile, quod uxor habens maritum, eo vivente, potest agere in judicio pro dote sua et pro vulneribus et pro capite aut pro mutatione corporis sui et pro hereditabus suis quas suo marito in dote vel aliter non subjugavit.

Anmerkung: Die grosse Selbständigkeit der slawischen Frau hatte auch auf die deutschen Stadtrechte jener Gebiete, wo die Bevölkerung noch überwiegend eine Nichtdeutsche ist, ihren Einfluss gehabt. Die Eigenthümlichkeiten und die Widersprüche, welche hier mit den rein deutschen Rechtsprincipien nicht zu vereinigen sind, beruhen nicht so sehr auf der Reception des römischen Rechtes (wie es allgemein angenommen wird), als auf den slawischen Rechtsanschauungen. So z. B. sagt R. Schröder (Geschichte des ehelichen Güterrechts in Deutschland, B. II, S. 106):

« Es ist eine besondere Eigenthümlichkeit des Brünner Rechts, wo-

§ 14.

Rechtsgeschäfte unter den Ehegatten.

Das germanische Recht bedingt für die Ehegatten die innigste Lebensgemeinschaft und die vollkommenste Gütereinheit; die Frau tritt durch die Ehe in die Vormundschaft ihres Mannes; Mann und Weib sind ein Leib und haben kein gezweites Gut, folglich können unter ihnen auch keine Rechtsgeschäfte stattfinden, es sei denn von Todeswegen [1].

nach eine Wittwe oder Jungfer mit selbständigem Vermögen, wenn sie bei ihrer Verheirathung einen Theil desselben dem Manne als « Morgengabe », d. h. als Heimsteuer bestellt, sich dadurch für den Rest stillschweigend das Recht zu Verfügungen auf den Todesfall vorbehält.

Hiezu das Citat Brünner Sch. B. 508: Matussius — coram iudicio resignavit libere uxori suæ domum suam per ipsam ratione dotalitii hereditarie possidendam, et quia ante resignationem talem pueros cum eadem uxore habuit, et post resignationem apud diversos creditores debita multiplicia contraxit, creditores ipsi pro se sententiari petiverunt — utrum de venditione domus, non obstante resignatione, non debeant de suis debitis expediri; uxor vero... petivit simpliciter se circa ius dotalitii conservari. Super quo sententia fuit, quod uxor... domum sibi pro dotalitio resignatam, quamvis pueros cum Matussio habuerit, quamvis etiam debita, quibus vir præfatus impulsabatur, cum ipso expenderit hereditarie debeat possidere nec... nec mariti præfati nec heredum suorum ante vel post resignationem habitorum contradictio ipsam in dictæ domus possessione, nisi et voluntarie renunciaverit, aliqualiter poterit secundum iustitiam impedire.

Aehnlich war das Ofener Stadtrecht beeinflusst, worüber Schröder (a. a. O.) bemerkt:

« Das Ofener Stadtrecht hat sich ganz von den deutschen Anschauungen abgewandt und der Frau die freie Verfügung über ihr Vermögen, soweit es nicht als Heimsteuer « Morgengabe » bestellt ist, eingeräumt. »

[1] Ssp. I, 31, § 1. Man und wîb en haben chein gezweiget gût zu irme libe. Dieses streng germanische Princip findet im englischen Rechte sei-

Das slawische Recht dagegen, verlangt bei der ehelichen Lebensgemeinschaft keine vollkommene Gütereinheit, es kennt keine geschlechtliche Vormundschaft[1]; die Ehe ist keine unio individua, durch welche Mann und Weib rechtlich eine Person würden, sondern sie ist vielmehr eine communio ad onera vitae ferenda, in welcher sich die beiden Ehegatten als socii betrachten und die vermögensrechtliche Individualität der Frau nicht in die des Mannes übergeht. Sie können demnach unter einander sowohl inter vivos wie mortis causa rechtsgiltige Geschäfte schliessen und die unter ihnen eingegangenen Verträge dürfen nicht einseitig aufgelöst werden; wenn daher der Mann seiner Frau, sei es unter Lebenden oder von Todeswegen, eine Zuwendung macht, so darf er dieselbe nicht willkürlich widerrufen oder durch eine spätere Veräusserung des betreffenden Gegenstandes dieselbe faktisch vereiteln[2].

Die Frau kann sich mit Bezug auf ihr Vermögen mit und für ihren Mann verpflichten, sie hat kein beneficium senatus consulti Vellejani; wenn sie für

nen vollen Ausdruck. — «a man cannot grant any thing to his wife, or to enter into covenant with her, for the grant would be to suppose her separate existence and to covenant with himself: and therefore it is also generally true, that all compacts made between husband and wife when single, are voided by the intermarriage.» Cf. Blackstone, B. I, p. 441 sq.

[1] Cf. Stat. Rag. Bogisić, pag. 142. — Ordo judicii terrae, §§ 38, 39, 40, 75, 76. — Jus terrae Bohemiae, §§ 55, 56. — Auch das Brünner Stadtrecht kennt keine geschlechtliche Vormundschaft. Vgl. Schröder, a. a. O., Bd. II, S. 149.

[2] Maciejowski, a. a. O., Bd. IV, S. 11 fg. und 389 fg.

die Schulden ihres Mannes Bürgschaft leistet, so haftet sie für dieselben auch mit ihrem Heirathsgut[1].

§ 15.

Rechtsverhältnisse unter den Aeltern und Kindern.

Die Kinder stehen gleichmässig unter der väterlichen und mütterlichen Gewalt; nur insoferne als der Vater das Haupt der Familie ist, gebührt ihm auch die Hauptleitung aller Mitglieder derselben. Die väterliche Gewalt des slawischen Rechts steht gleichsam in der Mitte zwischen der germanischen und römischen; der slawische Haussohn ist weder so frei wie der germanische, noch so unselbständig wie der römische. Wenn der Germane wehrhaft wird, so darf er ungehindert das väterliche Haus verlassen und für sich einen neuen Herd gründen; der Römer kann regelmässig nur durch den Tod des pater familias oder durch Emancipation und gewisse Würden sui juris werden; der Slawe verbleibt in der väterlichen Gewalt entweder so lange als sein Vater lebt, oder bis er sich mit ausdrücklicher oder stillschweigender Erlaubniss der Aeltern selbständig macht[2]. Verlässt ein Sohn unerlaubter Weise

[1] Stat. Rag. Bogisić, p. 139. — Das Statut aus der zweiten Hälfte des 13ten Jahrhunderts bestimmt, dass sich die Gläubiger des Mannes aus dem Heirathsgut der Frau nicht bezahlt machen dürfen, « nisi ipsa uxor inventa fuerit fidejussisse pro viro suo. »

[2] Montenegrinisches Recht, § 47. Söhne können nur mit Einwilligung ihrer Aeltern aus der Familiengemeinschaft treten; sonst kann dies bei Lebzeiten des Vaters oder der Mutter nicht stattfinden.

das väterliche Haus, so verliert er, gleich der Tochter, welche mit einem Entführer oder Räuber die Ehe schliesst, jeden Vermögensanspruch gegen den Vater, und die väterliche Gewalt hört dadurch wenigstens de jure nicht auf. Was ein unselbständiger Sohn erwirbt, ist Eigenthum des Vaters resp. der Familie; durch Rechtsgeschäfte kann er sich nur mit der Zustimmung des Vaters giltig verpflichten[1]. Erhält der Sohn ein peculium und gründet damit für sich, mit der Bewilligung der Aeltern, einen abgesonderten Haushalt (œconomia separata), so wird er dadurch selbständig[2].

Durch die Verheirathung allein, wird ein Sohn noch nicht sui juris, vielmehr erhält sein Vater an dem eingebrachten Heirathsgut der Schwiegertochter den Fruchtgenuss; wird ihm dieser verweigert, so kann er das Ehepaar aus seinem Hause entlassen[3].

Unverheirathete Söhne darf der Vater nicht ohne Ursache aus seinem Hause entlassen; verheirathete dagegen, kann er dazu zwingen, aber er muss ihnen nebst einer entsprechenden Vermögensabferti-

[1] Polnisches Recht: sic etiam dicimus de omni contractu inito cum filio-familias, qui non valet cum sit in paterna potestate constitutus (iuveturque Senatus consulto Macedoniano) propter quod non habet alicujus rei dominium, vel aliquam possessionis traditionem. Vgl. Burzynski, a. a. O., S. 177.

[2] Filius, qui ex domo patris discedit et proprias lares constituit, pro emancipato habetur; Sic et filia in matrimonium elocata, desinit esse sub potestate patris et sub mariti potestate manet. Burzynski, p. 180.

[3] Stat. Rag. Bogisić, p. 133.

gung auch alles was die Schwiegertöchter an Mitgift eingebracht haben heraus geben[1].

Erwachsene Söhne können, obgleich sie sich in der väterlichen Gewalt befinden, zu keiner Heirath gezwungen werden, wohl aber kann ihnen der Vater das Heirathen verwehren, so lange die Töchter nicht verehelicht worden sind[2].

Volljährige Töchter dürfen in der Regel zu einer bestimmten Ehe nicht genöthigt werden; das Recht sie zu verheirathen, hat aber sowohl die Mutter wie der Vater[3].

Erwachsene Kinder, welche aus dem väterlichen Hause entlassen oder verstossen werden, erlangen dadurch ihre Selbständigkeit und die Fähigkeit Eigenthum für sich zu erwerben.

Gegen willkürliche Veräusserungen der Familiengüter haben die Söhne und in Ermangelung derselben, auch die Töchter das Widerspruchsrecht.

§ 16.

Gütergemeinschaft der Familie.

Es ist schon hervorgehoben worden dass in Folge der engen Beziehungen in welchen die Gesammt- und Sonderfamilie zu einander stehen, mit Ausnahme einiger Modificationen der Hauptsache nach in beiden die nämlichen Grundsätze herrschen; daher

[1] Eodem.

[2] Stat. Rag. Bogisić, p. 132.

[3] Stat. Rag., p. 134, sqs.

gilt auch in der Sonderfamilie das Princip: Erb- oder Stammgut ist ein gemeinschaftliches Familiengut. Hier ist der Hausvater zwar nicht nur ein Verwalter, wie in der Communion, sondern er ist wirklicher Eigenthümer des ganzen Familienvermögens, aber seine Eigenthumsbefugnisse sind an demselben durch die Rechte der übrigen Familienglieder beschränkt, er darf keine solche Verfügungen treffen, wodurch diesen das Gut entzogen wäre [1].

Was ein Hausvater selbst erwirbt, das gehört nicht zu dem gemeinschaftlichen Familienvermögen, das selbsterworbene Gut ist ein ausschliessliches Eigenthum des Erwerbers, worüber er unbeschränkt verfügen kann [2]. Trifft er aber darüber keine Disposition, so fällt nach seinem Tode auch dieses Vermögen, als seine Hinterlassenschaft in die Gütergemeinschaft der Familie.

[1] Stat. Rag. Bogisić, p. 130. Pater sine voluntate filiorum suorum aliquid donare non possit.

[2] Monteneg. Recht, § 48: Der Vater kann dasjenige was er selbst erworben hat nach seinem Belieben unter die Söhne vertheilen; sollte jedoch der Vater einem Sohne mehr hinterlassen als dem anderen, so ist ungeachtet dessen seine Verfügung unantastbar aufrecht zu erhalten, indem jeder mit seinem Vermögen nach seinem Belieben verfügen kann.

§ 49: Jedermann ist Herr seines Vermögens, und kann selbes daher auch Fremden mit Umgehung seiner Verwandten nach seinem Belieben zuwenden, und gleichviel, ob er diese Verfügung bei Lebzeiten oder in seinem Testamente traf, darf dieselbe nicht angetastet werden.

§ 17.

Die Hinterlassenschaft.

Unter Hinterlassenschaft sind hier sowohl die angestammten Familiengüter als auch dasjenige Vermögen, welches der Erblasser selbst erworben hat, zu verstehen; denn beide Vermögensmassen bilden gleichmässig das gemeinschaftliche Eigenthum der Erben. In der Regel findet nach dem Tode eines oder beider Ehegatten weder eine Sonderung noch eine Theilung der ehelichen Güter statt, sondern die Erben verbleiben in der Gütergemeinschaft, wählen aus ihrer Mitte ein Familienhaupt und continuiren die communio œconomica. Muss jedoch, sei es auf Verlangen der Miterben oder in Folge anderer Umstände, eine Theilung des Vermögens vorgenommen werden, so wird es unter die Söhne und in Ermangelung derselben unter die Töchter zu gleichen Theilen vertheilt[1]. Auf die Liegenschaften,

[1] Cf. Stat. Rag. Bogisić, p. 129 sq.

Monteneg. Recht, § 50: Verfügt ein Vater bei Lebzeiten nicht über sein Vermögen, so ist selbes nach seinem Tode unter seine Söhne zu gleichen Theilen zu theilen; lebt die Mutter, so gebührt ihr der lebenslängliche Genuss an dem Antheile des Mannes, und es ist dieser Antheil erst nach ihrem Tode zu vertheilen, und zwar sofort, wenn die Kinder schon erwachsen sind; sind sie dies aber nicht, so ist dieses Vermögen unter Obhut (Procuratur) unbescholtener Männer zu stellen, bis die Kinder ihr zwanzigstes Lebensjahr erreichen.

Russisches Recht, a. d. J. 1016.

§ 48: Wenn jemand sterbend das Haus unter seine Kinder vertheilt, so bleibt es dabei. Hinwiederum stirbt er ohne Bestimmung, dann allen Kindern, und für ihn selbst gebe man einen Theil der Seele. — Dieselben

welche das Stammgut oder Erbe bilden, haben ausschliesslich die männlichen Descendenten das Erb-

Grundsätze enthält das polnische Recht, vgl. Maciejowski, Bd. II, S. 228 fg.; Bd. IV, S. 390 u. 405 fg. Eben so galt die Gütergemeinschaft oder Gleichtheilung bei den böhmischen Slawen; das altböhmische Gedicht «Gedinge», von dem das vorhandene Fragment aus den heidnischen Zeiten zu stammen scheint, enthält folgende Gesetzesbestimmungen:

«Jeder Vater herrscht in seinem Hause;
Männer ackern, Weiber nähn die Kleider,
Aber stirbt des Hauses Haupt, verwesen
Alle Kinder insgesammt die Habe
Sich ein Haupt erkiesend aus dem Stamme,
Das, wenn's frommt, sich stellt zum hohen Tage
Mit den Räthen, Rittern, Stammeshäuptern.
Auf die Räthe, Ritter, Stammeshäupter
Standen, lobend, wie es brauch die Satzung.»

Dasselbe Rechtsprincip beurkundet sich in dem Fragmente «Libuscha's Gericht», wo erzählt wird, dass die Fürstin zweien Brüdern, die sich um das Erbe stritten, Recht sprechen sollte, Verse 59-61:

«Nach den Satzungen der ew'gen Götter
Sollen sie damit gemeinsam schalten,
Oder drein zu gleichen Theil sich theilen!»

Die Volksversammlung entschied, V. 88-90:

«Ihr vergleicht euch so um euer Erbe:
Beide sollt's gemeinsam ihr besitzen!»

Der Erstgeborne aber fordert das Erbe für sich allein und ruft:

«Weh der Brut wenn Ottern mit ihr nisten,
Weh den Männern wenn ein Weib gebietet!»

Das deutsche Recht musste sehr früh in Böhmen seinen Einfluss geübt haben, wogegen sich aber noch viele sehr sträubten, indem es weiter erzählt wird:

Auf stand Ratibor vom Riesenberge
Und begann zu sprechen solche Worte:
«Ruhm nicht wär's bei Teutschen Recht zu suchen,
Haben Rechte selbst nach heil'ger Satzung,
Die gebracht vor Zeiten uns're Väter
In dies . . . Land voll Segen.»

Vgl. Königinhofer Handschrift, übersetzt von W. A. Swoboda. Prag, 1829.

recht[1], die Töchter können nicht erben, sondern sie müssen mit Fahrniss ausgestattet werden, so lange Söhne oder Enkel vorhanden sind; wenn aber solche fehlen, so geht das Erbrecht nicht auf die männlichen Seitenverwandten, den Bruder des Vaters oder seine Neffen, sondern auf die Töchter über. Die Fahrniss gilt nach slawischem Rechte überhaupt nicht als Erbe, und man könnte sie im Gegensatz zu diesem als Frauengut bezeichnen; das Recht fasst sie auch in diesem Sinne auf, indem es dieselbe als vorzüglich den Töchtern gehörig erklärt und zu deren Ausstattung bestimmt. Nur das Heergewette wird aus der fahrenden Habe ausgeschieden und dem nächsten männlichen Verwandten gegeben, aber selbst dieses kann der Vater seiner Tochter vermachen[2]. Das serbische Gesetzbuch des Zar Duschan bestimmte, dass wenn ein Edelmann stirbt, so soll sein gutes Pferd und die Waffen dem Zar gegeben werden[3].

[1] Stat. Rag. Bogisić, p. 135. — Russisches Recht, a. a. O., § 47: Aber bei den Bojaren, oder dem Gefolge, geht die Hinterlassenschaft nicht zum Fürsten, sondern wenn keine Söhne sind, so nehmen selbige die Töchter.

[2] Monteneg. Recht, § 53: Stirbt ein Vater ohne Söhne, und hinterlässt er eine oder mehrere Töchter, so ist in einem solchen Falle unter sie sowohl das väterliche, als auch das grossväterliche Vermögen, welches dem Vater zufiele, zu vertheilen; nur die Waffen fallen dem nächsten Anverwandten zu, es wäre denn, dass selbe der Vater seiner Tochter oder einem Dritten hinterlassen hätte.

[3] § 34: Wenn der Edelmann stirbt, so soll sein gutes Pferd und die Waffen dem Kaiser (Zar) gegeben werden, und das grosse Perlen-Gewand und den goldenen Gürtel soll der Sohn behalten, und der Kaiser soll es ihm nicht nehmen. Hat er keinen Sohn, sondern eine Tochter, so soll der Tochter frei stehen es zu nehmen oder zu verkaufen oder wegzugeben.

§ 18.

Rechte des Wittwers.

Der überlebende Ehegatte bleibt im Besitze des Gesammtvermögens und ist auch nicht verpflichtet das Heirathsgut der Frau, an welchem er lebenslänglichen Fruchtgenuss hat, an ihre Erben herauszugeben, es sei denn dass es unter seiner Verwaltung in Gefahr wäre für dieselben verloren zu gehen. Es findet demnach durch den Tod der Frau keine wesentliche Veränderung in dem güterrechtlichen Verhältniss statt, der Wittwer verbleibt der Eigenthümer und Verwalter der Familiengüter und der Hinterlassenschaft seiner Frau[1].

Will der Vater bei Lebzeiten das Vermögen unter die Kinder vertheilen, so hat die Auseinandersetzung der Familiengüter nach den Grundsätzen der Hauscommunion zu geschehen, d. h. sie muss mit der Einwilligung der Kinder und nach gleichen Theilen erfolgen. Der Vater erhält hiebei in der Regel einen Sohnesantheil; particularrechtlich finden sich jedoch abweichende Bestimmungen; so muss nach dem polnischen, lithauischen und massovischen Rechte der Vater, welcher eine Auseinandersetzung des Vermögens vornimmt, dasselbe in zwei Theile theilen; die eine Hälfte kann er sodann für sich behalten

[1] Russisches Recht, a. a. O., § 79: Wenn die Kinder ein Vater zu sich nimmt mit der Hinterlassenschaft, so ist die Einrichtung ebenso, aber der väterliche Hof ohne Theilung durchaus dem jüngsten Sohne.

und die andere den Kindern abtreten[1]. Selbsterworbenes Vermögen kann der Erwerber, wie schon erwähnt, nach seinem Belieben vertheilen.

Wenn der Wittwer zu einer zweiten Ehe schreitet und das Familienvermögen gefährdet, so können die Kinder erster Ehe eine Auseinandersetzung oder Sicherung desselben verlangen und fordern, dass ihnen die Hinterlassenschaft der Mutter zugetheilt werde[2]. Wird nun in einem solchen Falle die Theilung vorgenommen, so haben die Kinder erster Ehe später keinen Anspruch mehr auf den Vaterstheil; diesen, wie alles was der Vater noch künftig erwirbt, erhalten die Erben zweiter Ehe. Sind aber bei ungetheiltem Vermögen Kinder aus mehreren Ehen vorhanden, und will der Vater dasselbe unter sie vertheilen, so kommen hiebei die Grundsätze der Gleichberechtigung und Gleichtheilung zur Anwendung.

§ 19.

Rechte der Wittwe.

Es wird erzählt, dass bei den alten Slawen wie bei den Indiern die barbarische Sitte bestanden habe, dass die Wittwe ihrem Manne freiwillig in den Tod folgte um dadurch die eheliche Liebe und Treue zu

[1] Vgl. Maciejowski, a. a. O., Bd. IV, S. 495 fg.

[2] Stat. Rag. Bogisić, p. 142 sq. — Burzynski, p. 127 sq.; p. 329 sq.

besiegeln[1]. Wenn dieser Brauch wirklich bestanden hat, so hat er doch jedenfalls im Rechte keine Spuren hinterlassen; denn die Wittwe wird durch den Tod ihres Mannes nicht nur in keine abhängigere Lage versetzt, sondern sie erlangt dadurch ihre völlige Selbständigkeit und Unabhängigkeit. Das slawische Recht kennt keine geschlechtliche Vormundschaft und gestattet daher der Wittwe über ihre unmündigen Kinder die Vormundschaft zu führen, das Familienvermögen zu verwalten und ihre Angelegenheiten vor Gericht selbst zu verhandeln; es hängt nur von ihrem Willen ab, sich durch den Vater, Bruder, Sohn oder wen immer sie wählt, vertreten zu lassen[2]; das böhmische Recht erlaubt der Wittwe sogar den gerichtlichen Zweikampf, wobei jedoch mit Rücksicht auf die Schwäche des weiblichen Geschlechtes die Kampfweise darnach modificirt wurde[3]. Eine Leibzucht ist der Wittwe,

[1] Mauricii Strategicum, l. XI, c. 5. — Pudicitiæ servantes feminæ Slavorum supra omnem modum erga maritos snos, adeo ut earum multæ virorum suorum mortem proprio interitu solari voluerint, seque ipsas suffocarint ultro non ferentes vitam solitariam. Dasselbe wird auch von den Nordslawen berichtet: Epist. S. Bonif. ad Ethibaldum ab a. 745 «Laudabilis mulier inter illas (mulieres Winedorum) esse judicatur, quæ propria manu sibi mortem intulit ut in una strue pariter ardent cum viro suo. — Ibid. Winedi tam magno zelo matrimonii amorem mutuum servant, ut mulier viro proprio mortuo, vivere recuset.»

[2] Cf. Stat. Rag. Bogisić, p. 134 sq., 147 sq. — Russisches Recht des dreizehnten Jahrhunderts, §§ 49, 50, 78.— Kucharski, a. a. O

[3] Ordo judicii terrae, § 40. Item si vidua aliquem parem in genere sibi pro capite mariti sui vel alterius amici citaverit, duellare tenetur cum citato taliter: si vir idem citatus fuerit, tunc idem vir in fovea usque ad cingulum cum gladio et clipeo magno locari debet, et in eadem fovea ambiens se debet defendere actrice ipsa cum gladio etiam et clipeo

wenn nach dem Tode des Mannes ein Vermögen da ist, für jeden Fall gesichert, und zwar ist es gleichgiltig ob ihr eine solche ausdrücklich bestellt wird oder nicht, ob sie eine dotata oder indotata uxor war, denn sie hat das Recht so lange in dem Vermögen ihres Mannes zu verbleiben oder davon einen hinreichenden Unterhalt zu beziehen, als sie den Wittwenstuhl nicht verrückt[1]. Die Wittwe verbleibt aber in der Regel gleich dem Wittwer mit ihren Kindern, über welche sie die mütterliche, ähnlich wie jener die väterliche Gewalt ausübt[2], in gemeinschaftlichem Besitz; wird jedoch eine Auseinandersetzung des Vermögens vorgenommen, so sind dabei zwei Hauptfälle zu unterscheiden, nämlich, ob sie den Wittwenstuhl nicht verlässt, oder ob sie eine zweite Ehe eingeht.

a) Bei unverrücktem Wittwenstuhle erhält die Wittwe ihre dos mit der contrados, in Ermangelung einer solchen einen Kindesantheil, sowie alles was ihr der Mann zugewendet hat. Reicht jedoch dies nicht für ihren Unterhalt aus, so sind die Erben verpflichtet ihr nach Verhältniss so viel von ihren Antheilen beizusteuern, dass sie ein genügendes

consimili contra eum dimicante ea de circulo ad hoc ei deputato nullatenus exeunte. Si autem domicella octodecim annorum senex quæ renuntiavit marito pro capite aliquem citaverit eodem jure potiri debet, sicut vidua præscripta.

[1] Cf. Stat. Rag. Bogisić, p. 141. — Russ. Recht, §§ 50 und 78.

[2] Stat. Rag. Bogisić, p. 134 sq. — Aequiparantes quo ad filios matrem patri statuimus : quod illam potestatem quam habet pater super filios in vita sua, eandem habeat mater post mortem viri sui, possidenti lectum et bona mariti.

Auskommen hat[1]. Der Wittwe steht über ihr Vermögen freie Verfügung zu, sie ist darüber Herrin, wie sich die ruska Prawda ausdrückt; sie kann es demjenigen Sohn hinterlassen, welcher gegen sie gut war. Wenn alle Söhne böse waren, so kann sie es auch der Tochter geben, welche sie pflegte; traf sie keine nähere Bestimmung über ihr Vermögen, so fällt es denjenigen Kindern zu, bei welchen sie gemeinschaftlich lebte und starb[2].

b) Geht die Wittwe eine zweite Ehe ein, so verliert sie alle Nutzungsrechte an dem Vermögen ihres ersten Mannes; sie kann nicht länger über ihre minderjährigen Kinder erster Ehe die Vormundschaft führen, sie darf nicht länger mit ihnen in Gütergemeinschaft verbleiben und ihr Vermögen verwalten, und sie ist ausserdem verpflichtet den Kindern alles zu ersetzen, was sie ihnen während ihrer Wittwenschaft und Verwaltung entzogen hat[3]. Sie kann je-

[1] Vgl. Maciejowski, Bd. II, S. 219. — Burzynski, Bd. II, S. 144 fg. a. a.

[2] Russisches Recht, § 49: Wenn eine Frau nach dem Manne sitzen bleibt, so nehme man von ihren Kindern einen Theil und was der Mann ihr ausgesetzt, darüber ist sie Herrin.

§ 51: Und die Mutter gebe das Ihrige demjenigen Sohn, welcher gut gegen sie war. Wenn alle Söhne böse sind, so kann sie es auch der Tochter geben, welche sie ernährte.

§ 50: Der mütterliche Theil ist den Kindern nicht vonnöthen, sondern wem die Mutter ihn gibt, der nimmt ihn; gibt sie ihn allen, so theilen sie alle, stirbt sie ohne Rede, so nimmt ihn der, bei welchem sie auf dem Hofe war, und welcher sie ernährte.

[3] Russisches Recht, § 50 inpr.: Wenn eine Frau gelobt, nach dem Manne sitzen zu bleiben, aber die Habe vergeudet und sich verheirathet, so bezahlt sie den Kindern alles.

§ 78: Wenn im Hause kleine Kinder sind, und sie nicht fähig sind,

doch ihr Vermögen behalten und es in die zweite Ehe übertragen; nach dem polnischen Rechte von 1474 sollte sie die contrados den Kindern erster Ehe überlassen und nur ihre dos in das Haus ihres zweiten Gatten einbringen[1].

Hat die Wittwe keine Kinder, so gebührt ihr ebenfalls der lebenslängliche Fruchtgenuss an dem Vermögen ihres Mannes. In diesem Falle ist die ganze eheliche Errungenschaft ihr Eigenthum; sie erhält auch die Liegenschaften, welche ihr Mann aus der Errungenschaft angekauft hat, und kann dieselben veräussern; dabei haben die Verwandten des Mannes nur das Vorkaufsrecht und können sie von dem ersten Käufer retrahiren[2].

Wenn aber die kinderlose Wittwe eine zweite Ehe eingeht, so erhält sie in jedem Falle aus dem Vermögen des Mannes das Heirathsgut, d. h. die dos und die contrados, und in Ermangelung eines solchen, eine entsprechende Austattung[3].

für sich selbst zu sorgen, und ihre Mutter verheirathet sich, so gebe man sie dem, der ihr Nächster ist auf die Hand mit Habe und Hause, bis sie mündig sind. Cf. Stat. Rag. Bogisić, p. 141.

[1] Vgl. Maciejowski, Bd. IV, S. 391.

[2] Maciejowski, Bd. IV, S. 452.

[3] Monteneg. Recht, § 52: Eine Wittwe geniesst, so lange sie sich nicht wieder verehelicht, ohne Rücksicht auf die Dauer der bestandenen Ehe, wenn sie kinderlos ist, den ganzen Antheil ihres Mannes; heirathet sie aber, so erhält sie zehn Thaler, und hat sie Kinder, so bekommt sie für jeden Sohn jährlich einen Dukaten und für jede Tochter jährlich zwe Dukaten. Es versteht sich, dass die Wittwe für so viele Jahre, als sie mit ihrem Manne lebte, und für so viele Jahre, als sie als Wittwe in dem Hause ihres Mannes gewesen, so viel erhalte, als für jeden dieser Fälle bestimmt ist.

§ 20.

Rechte der nächsten Erben.

Die nächsten Erben, d. h. die Söhne und in Ermangelung derselben die Töchter, haben ein absolutes Veto gegen alle willkürlichen Veräusserungen der Familiengüter; ebenso darf ihnen die Hinterlassenschaft der Mutter, wenn sie auch aus Fahrniss besteht, nicht entzogen werden[1]. Für die Beerbung gilt durchaus der Grundsatz: Schwerthand geht der Spillhand vor. Töchter erhalten kein Erbe, sondern nur eine Ausstattung; sie können nur dann erben, wenn keine Söhne vorhanden sind[2]. Mehrere Söhne sowohl wie Töchter erben zu gleichen Theilen, nur der jüngste Sohn wird zuweilen dadurch bevorzugt, dass er bei der Theilung das Stammhaus erhält[3].

Söhne eines Vaters von verschiedenen Frauen erben, wenn vor der Eingehung einer zweiten Ehe die Auseinandersetzung des Vermögens nicht stattfand, zu gleichen Theilen[4].

[1] Stat. Rag. Bogisić, p. 130 u. 444. — Russ. Recht, § 49: Sind Kinder einer ersten Frau da, so nehmen die Kinder das der Mutter Gehörige oder was der Frau ausgesetzt war.

[2] Monteneg. Recht, § 50: Verfügt ein Vater bei Lebzeiten nicht über sein Vermögen, so ist selbes nach seinem Tode unter seine Söhne zu gleichen Theilen zu theilen.

Russisches Recht, § 49: Wenn eine Schwester im Hause ist, so hat sie die Hinterlassenschaft nicht vonnöthen, sondern die Brüder statten sie dem Manne aus, wie sie können. — Stat. Rag. Bogisić, p. 135.

[3] Russisches Recht, § 79. — Aber der väterliche Hof ohne Theilung durchaus dem jüngsten Sohne.

[4] Stat. Rag. Bogisić, p. 144.

Waren in der ersten Ehe nur Töchter gezeugt und in einer zweiten auch Söhne, so erben diese gleich mit jenen.

Stammen sowohl aus der ersten als auch aus der zweiten Ehe Söhne und Töchter, so erben nur die erstern, und die letztern werden ausgesteuert[1].

Aehnliche Grundsätze gelten bei der Beerbung der Mutter; auch hier gehen stets die Söhne den Töchtern vor. Da nun, wenn die Wittwe eine zweite Ehe eingeht, das väterliche Vermögen von dem mütterlichen, welches sie in die zweite Ehe mitnehmen darf, abgesondert wird, so erben die Kinder jeder Ehe die betreffende Hinterlassenschaft ihres Vaters[2], und die Söhne der letzten Ehe auch die dos der Mutter. Wurden in einer zweiten Ehe keine Kinder gezeugt, so wird die Mutter von den Söhnen aus der vorhergehenden Ehe beerbt[3].

Brüder haben an dem Antheil eines kinderlos verstorbenen Bruders das jus accrescendi; dieses Rechtsverhältniss besteht auch unter den Schwestern. Stirbt aber ohne Descendenz und ohne Testament ein einziger Bruder, so wird er von den Schwestern beerbt. Der Wittwer oder die Wittwe hat an der Hinterlassenschaft des Kindes lebenslänglichen Fruchtgenuss[4].

Neben diesen allgemeinen Regeln gibt es einige

[1] Stat. Rag., eodem.

[2] Russisches Recht, § 51: Wenn zweier Männer Kinder da sind, aber einer Mutter, dann ihnen das Seinige. — Stat. Rag. Bogisić, p. 144.

[3] Stat. Rag., eodem.

[4] Vgl. Maciejowski, Bd. IV, S. 414 u. 443. — Stat. Rag. Bogisić, p. 143.

particularrechtliche Bestimmungen: Nach dem russischen Recht des 13ten Jahrhunderts, konnte nur die Tochter eines Bojaren, wenn keine Söhne vorhanden waren, die ganze Hinterlassenschaft mit Ausnahme eines Theils, welchen sie der Seele, d. h. der Kirche gab, erben; aus dem Nachlasse eines Gemeinen erhielt aber nur die unverheirathete Tochter einen Theil, d. h. die Ausstattung, das Uebrige fiel an den Fürsten[1]. In Montenegro treten die Töchter einen Drittel der Erbschaft an die Schwester des Vaters ab[2], und nach dem polnischen Rechte konnten die Söhne der Brüder des Vaters und in Ermangelung derselben selbst die entferntern männlichen Verwandten de iisdem armis et signis nach gehöriger Schätzung und Zahlung des Preises, die Erbgüter von den Töchtern einlösen, welches Recht sie aber binnen einem Jahre nach dem Tode des Erblassers geltend machen mussten[3].

[1] Russisches Recht, § 46: Wenn ein Gemeiner ohne Kinder stirbt, dann die Hinterlassenschaft dem Fürsten. Wenn Töchter bei ihm im Hause sind, so gebe man ihnen einen Theil; aber wenn sie verheirathet sind, so gebe man ihnen keinen Theil.

§ 47: Aber bei den Bojaren oder dem Gefolge geht die Hinterlassenschaft nicht zum Fürsten, sondern wenn keine Söhne sind, so nehmen selbige die Töchter.

[2] Monteneg. Recht, § 53: Stirbt ein Vater ohne Söhne, und hinterlässt er eine oder mehrere Töchter, so ist in einem solchen Falle unter sie sowohl das väterliche als auch das grossväterliche Vermögen, welches dem Vater zufiele, zu vertheilen.

§ 54: Hätte dieser Vater verheirathete oder ledige Schwestern, dann erhalten die Schwestern einen Theil und die Tochter zwei Theile.

§ 55: Hinterlässt aber der Vater blos eine einzige Tochter und keine Söhne, so erbt sie allein sein ganzes bewegliches und unbewegliches Vermögen.

[3] Vgl. Maciejowski, Bd. II, S. 216.

§ 21.

Das Vorkaufsrecht.

Erbgründe dürfen in der Regel nicht veräussert und letztwillig vergeben werden; wenn der Erblasser keine Descendenz hat, so fallen sie an seine Anverwandten und zwar je nach der Nähe der Verwandschaft[1]. Aber auch diejenigen Liegenschaften, welche keine Erbgüter sind, darf der Eigenthümer nicht willkürlich veräussern; die Anverwandten, Nachbarn und Stammesgenossen haben an denselben das Vorkaufsrecht. Soll nun ein solches Gut oder ein mit Immobiliarqualität ausgezeichnetes Recht veräussert werden, so muss es der Veräusserer vor Zeugen zuerst seinen Verwandten zum Kaufe anbieten, und wenn es diese nicht kaufen können oder wollen, dieses Anerbieten bei seinen Nachbarn und

[1] Statut von König Sigmund I, 1510. — Decernimus ut testamenta condantur juxta veterum constitutionem, ex more antiquitus servato, de bonis mobilibus. Immobilia vero bona tam hæreditaria, quam oppignorata (ne defensio Reipublicæ minuatur), testamentali ordinationi subjecta minime esse debent. Vgl. Burzyński, a. a. O., S. 211 fg.

Serbisches Gesetzbuch des Zar Duschan, § 31 : Wenn ein Edelmann keine Kinder hat, oder diese sterben und nach seinem Tode sein Erbgrund verlassen bleibt, wenn sich von seinem Geschlechte bis zum dritten Geschwisterkind jemand findet, so soll dieser den Erbgrund erben, wofern kein näherer da ist.

Eine abweichende Bestimmung in Betreff der Erbgüter der gemeinen Leute findet sich im § 108 : Gemeine Leute, welche eigenes Erbland oder Weingärten oder Gebüsch besitzen, soll es frei stehen, ihre Weingärten oder Erbgründe zum Heirathsgut mitzugeben, oder der Kirche zu unterwerfen.

Stammesgenossen wiederholen; erst dann wenn sich Niemand unter den Vorkaufsberechtigten findet, der das Gut kaufen wollte, kann es frei und wirksam an Fremde veräussert werden; widrigenfalls ist das Geschäft ungültig und kann von Jedem, dem das jus protimiseos zusteht, revocirt werden[1].

[1] Montenegrinisches Recht, § 45: Derjenige, welcher in unserem Lande von heute an sein Haus, seine Grundstücke, seine Gemarkung, seinen Wald oder sein sonstiges unbewegliches Gut verkaufen will, hat es zunächst seinen Anverwandten in Gegenwart von Zeugen zum Kaufe anzubieten, und falls die Anverwandten es entweder nicht kaufen könnten oder nicht kaufen wollten, dann biete er es zum Verkaufe dem Mergipasa, d. h. seinem Nachbarn an, und falls auch dieser entweder nicht kaufen könnte oder nicht kaufen wollte, kann er es an wen immer in seinem Dorfe oder aus seinem Stamme verkaufen, nur muss er vor drei Zeugen eine Urkunde darüber verfassen, dass er den Anverwandten und dem Nachbar den Kauf angeboten, selbe jedoch entweder nicht kaufen konnten oder nicht kaufen wollten. Der Verfasser der Urkunde hat seinen Tauf- und Zunamen zu unterfertigen und auch den Tag und Monat des Jahres anzusetzen, damit man klar wisse, wann und wo, und vor welchen Zeugen nach ihren Tauf- und Zunamen die Urkunde abgefasst wurde, welchem Stamme selbe angehörten und ob diese sich entweder eigenhändig unterschrieben oder ihre Kreuzzeichen zur grösseren Beglaubigung dessen beigesetzt haben, dass der Kauf dem Gesetze gemäss abgeschlossen und der Kaufschilling vollständig ausgezahlt worden sei, widrigenfalls der Kaufvertrag als ungiltig zu erklären ist.

§ 46: Sowohl die Anverwandten als auch der Nachbar müssen, falls sie sich zum Kaufe herbei lassen, zu dem Preise kaufen, zu welchem auch anderen verkauft worden wäre, und es ist den Anverwandten nicht erlaubt, zu dem ihnen beliebigen Preise zu kaufen.

Aehnliche Bestimmungen enthalten auch andere südlawischen Rechte; darunter ist besonders zu erwähnen das Statut von Politza aus dem fünfzehnten Jahrhundert, Art. 32; cf. Safarik Sebrané spisy, vol. III, p. 146 sqs.

§ 22.

Die Vormundschaft.

Die slawische Vormundschaft kann einigermassen mit der römischen verglichen werden, sie ist ein munus publicum und unterscheidet sich nach der Art der Berufung zu derselben in die tutela testamentaria, tutela legitima und die tutela dativa. Jeder parens ist befugt seinen unmündigen Kindern testamentarisch einen Vormund zu ernennen[1], unterlässt er dies, so wird durch Rechtsatz der nächste männliche Verwandte, welcher zur Führung der Vormundschaft fähig ist, zu diesem Amte berufen[2]; ist kein solcher Verwandte vorhanden, so wird der Vormund durch die Obrigkeit bestellt. Unter den

[1] Stat. Kgs. Wladislaw Jagello: Quamquam antea hoc ad certam ætatem sit restrictum, ut videlicet masculus ad quintum decimum annum, fæmella vero ad duodecimum compelli non possint causas acticare, neque defendere... quare statuimus, quod pater vivens possit et valeat pueris suis, et uxori si ipsa affectaverit, constituere certos tutores, quos voluerit, de quibusque major sibi fides et confidentia apparuerit. qui tueri et curare eosdem poterint, usque ad annos superius allegatos. Cf. Burzynski, p. 208.

[2] Russisches Recht, § 78: Wenn im Hause kleine Kinder sind, und sie nicht fähig sind für sich zu sorgen, und ihre Mutter verheirathet sich, so gebe man sie dem, der ihr Nächster, ist auf die Hand mit Habe und Hause, bis sie mündig sind (w'zmogut). Aber ihre Waare gebe man vor Leuten, und was diese Waare zinset, oder im Handel gewinnt, das gehört ihm selbst; aber die eigentliche Waare erstattet er ihnen, und der Zukauf gehört ihm dafür, dass er sie ernährte und versorgte. Wenn von Sklaven ein Anwuchs, oder von Vieh, so nehme man dies in Wesenheit, so wie er es wird empfangen haben; aber was verloren geht, das Alles bezahlt er den Kindern.

gesetzlichen Tutoren haben besonders die ältern Brüder den Vorzug; sie führen in der Regel mit der verwittweten Mutter die Vormundschaft über ihre minderjährigen Geschwister. Bei den serbischen Slawen steht dem Bruder ein besonderes Schutzrecht über seine Schwester zu, und dieses Verhältniss hört sogar dann nicht auf, wenn sich die Schwester, für deren Verehelichung er zu sorgen verpflichtet ist, verheirathet [1]; er muss unter Umständen sie und ihr Vermögen gegen alle Ungebührlichkeiten des Mannes schützen; darf sie aber oft auch gegen ihren Willen an den Mann verheirathen, welcher ihm angenehm ist [2].

Weiber stehen im Allgemeinen propter fragilitatem sexus unter männlicher Obsorge; diese cura ist jedoch nur eine bedingte, denn, wenn sie volljährig sind und eigenes Vermögen haben, so können sie frei über dasselbe verfügen und sich durch Rechtsgeschäfte gültig verpflichten, sowie auch ihre Angelegenheiten vor Gericht selbst vertreten [3]. Unter Umständen kann auch eine ältere Schwester ihren unmündigen Bruder in vormundschaftlicher Obsorge haben [4].

Der Vormund hat das Recht und die Pflicht für die Person und das Vermögen des Mündels zu sorgen, ihn vor Gericht zu vertreten und sein ganzes

[1] Stat. Rag. Bogisić, S. 137.

[2] Stat. Rag., eodem. — Talvy, Serbische Volkslieder, Bd. I, S. 151: «Der Zweikampf»; S. 160: «Ilitza und ihre Brüder».

[3] Cf. Ordo judicii terræ, §§ 39, 40, 75, 76.

[4] Cf. Stat. Litth., VI, 3; Maciejowski, B. IV, S. 413 und 420 fg.

Vermögen, das beim Antritte der Vormundschaft inventarisirt wird, zu verwalten. Nach Beendigung der Vormundschaft, ist der Vormund verpflichtet alles herauszugeben, was er in die Verwaltung genommen hatte; er haftet für jede Minderung des Vermögens, ist aber hingegen für seine Mühe berechtigt, sowohl die fructus naturales wie die fructus civiles, welche er durch seinen Fleiss aus dem Mündelvermögen gezogen hat, für sich zu behalten[1]. Führen die ältern Brüder Vormundschaft über die jüngern, welche mit ihnen in Gütergemeinschaft verbleiben, so sind sie auf keine Weise befugt irgend etwas von dem gemeinschaftlichen Vermögen an Fremde abzutreten; non possint impignerare neque vendere nec donare[2].

Für den Eintritt der Volljährigkeit des Mündels und die Beendigung der Vormundschaft wird nach den verschiedenen Stammrechten ein verschiedenes Alter erfordert, welches aber gewöhnlich zwischen dem 12ten und 18ten Lebensjahr schwankt. Im Allgemeinen herrscht hier jedoch das Gesetz der Natur; wer sich selbst schützen und sein Vermögen

[7] Vgl. Note 2.

[8] Stat. Rag. Bogisić, p. 146. — Stat. Kgs. Kasimir Jagello, 1447. V. L. J. 150: « Quocirca perpetuo statuimus et decernimus edicto, et inviolabili prohibemus decreto, ne filius senior aut primogenitus possit et valeat bon fratrum suorum sub quocunque colore, arte vel ingenio ultra portionem eum tangentem indebitare, vendere obligare, alienare distrahere, nisi fore debitorum onus per parentes contractum illud exigeret et exposceret, sed nec pro solutione hujusmodi debitorum licebit sibi aliquid vendere, obligare, aut distrahere, nisi ad id seniorum domus suæ accesserit consilium, consensus et voluntas; et pecunia ex venditione proveniens, summam debitorum non excedat. »

selbst verwalten kann, bedarf keiner Vormundschaft mehr. Die ältesten Quellen sprechen auch von keinem bestimmten Alter, sondern sie gebrauchen nur den Ausdruck «v'zmognit'», d. h. selbstfähig werden, erwachsen sein, zur Kraft gelangen, für den Endtermin der Vormundschaft[1].

§ 23.

Letztwillige Verfügungen.

Das Rechtsinstitut der Testamenterrichtung erwähnen schon die Aeltesten slawischen Urkunden; so findet sich unter anderen ein bemerkenswerthes Beispiel in dem Tractate, welcher zwischen dem russischen Fürsten Oleg und dem byzantinischen Kaiser Leo im Jahre 912 abgeschlossen worden sein soll[2].

Fähig zur Testamentserrichtung ist jedermann, der über sein Vermögen freie Verfügung hat, daher haben Kinder, welche sich noch in der Vormundschaft befinden oder bei unabgetheilten Vermögen noch in der väterlichen Gewalt sind, keine testa-

[1] Vgl. Note 2.

[2] Nestor, Schlözer, II, Cap. XV, Art. 10; Miklosich, Cap. XXII, p. 19: Von den Russen, die in Griechenland bei dem christlichen Zaren arbeiten. Stirbt jemand ohne über sein Vermögen verfügt zu haben, und hat die Seinigen nicht, so kehre sein Vermögen zu den lieben Nächsten in Russland zurück. Wenn er eine Verfügung gemacht hat, so nehme derselbe das ihm Bestimmte, welchen er niederschreiben wird, sein Vermögen zu erben, und der empfange es von den verschiedenen Handeltreibenden Russen, die nach Griechenland gehen und dort schuldig sind.

menti factio activa, wohl aber die t. f. passiva. Ein verheiratheter Sohn, welcher mit seinem Vater und mit seinen Geschwistern in Gütergemeinschaft lebt, kann über seinen allfälligen Antheil nicht von Todeswegen verfügen; wird jedoch nach seinem Tode eine Theilung des gemeinschaftlichen Vermögens vorgenommen, so treten an seine Stelle seine Kinder jure repræsentationis.

Eine bestimmte Form ist für die Giltigkeit des Testamentes zwar nicht erforderlich; eine letztwillige Verfügung kann man sowohl mündlich wie schriftlich treffen; eben so wenig ist bei dem Errichtungsacte eine bestimmte Zahl von Zeugen verlangt, es genügt dass der Wille des Testators auf irgend eine Art unzweifelhaft constatirt wird. Um jedoch hiebei jeden Betrug auszuschliessen und die letzte Willenserklärung zu sichern, wird die schriftliche Form unter Zuziehung von mehreren glaubwürdigen Zeugen nicht nur vorgezogen, sondern für gewisse Verfügungen auch ausdrücklich verlangt [1].

Weit wichtiger ist die Bestimmung in Bezug auf den Gegenstand der Verfügung; hier gilt das Princip: letztwillige Verfügungen können nur über die fahrende Habe stattfinden, aber nicht über Erbgründe und andere Liegenschaften oder Immobiliarrechte [2].

[1] Vgl. Burzynski, Bd. II, S. 266 fg.

[2] Statut v. Kg. Sigmund I, 1510: Pietatem sanctam apprimere nolentes, sed eam summo favore prosequi cupientes; decernimus ut testamenta condantur juxta veterum constitutionem, ex more antiquitus servato de bonis mobilibus. Immobilia vero bona, tam haereditaria quam oppignorata (ne defensio Reipublicæ minuatur) testamentali ordinationi

Dieser Grundsatz ist eine nothwendige Folge der Bestimmung, dass Familiengüter überhaupt nicht veräussert werden dürfen, und andere Liegenschaften und Immobiliarrechte nur unter der Bedingung des Vorkaufsrechtes.

Diese gemeinrechtlichen Grundsätze haben im Laufe der Zeit bei den verschiedenen slawischen Stämmen einige Modificationen von grösserer oder geringerer Bedeutung erfahren. Wie überall, so hat auch hier die Kirche einen grossen Einfluss ausgeübt; es war in ihrem Interesse, dass man für die Seele nicht nur die Fahrniss vermachte, sondern auch die bei weitem werthvolleren Liegenschaften, und so geschah es, dass bei den Südslawen schon gegen Ende des dreizehnten Jahrhunderts gestattet war, den vierten Theil des Vermögens der Seele zu hinterlassen[1].

Aehnliche Zugeständnisse machte man auf Verwendung des Paptes Julius zu Gunsten der Kirche in Polen. Aber Testamente, in welchen über Liegenschaften und Immobiliarrechte verfügt wird, müssen in der Regel unter Mitwirkung einer öffentlichen Autorität errichtet werden[2].

Ein jedes Testament kann vom Testator widerrufen werden, und zwar ein mündliches durch ausdrücklichen Widerruf desselben vor Zeugen, und ein

subjecta, minime esse debent; secus de bonis Regalibus, eadem enim propter Reipublicæ commodum. Nobis in parte vel in toto, testamento legari poterint. Burzynski, p. 269.

[1] Stat. Rag. Bogisić, p. 130.

[2] Vgl. Maciejowski, Bd. IV, S. 457 fg.

schrifltiches durch Vernichtung der Urkunde oder durch eine giltige Errichtung eines neuen Testamentes[1].

§ 24.

Haftung für Schulden.

Wie weit Jemand freie Verfügung über sein Vermögen hat, soweit muss er auch für die von ihm eingegangenen Verbindlichkeiten und Schulden haften.

Die slawischen Ehegatten stehen zu einander in einem Societätverhältniss, in welchem jeder über seine Habe frei verfügen kann; sie können sich daher sowohl einzeln als auch gemeinschaftlich nicht nur gegen Dritte, sondern auch gegenseitig vermögensrechtlich verpflichten. — Der Mann darf auf das Heirathsgut (die dos und contrados), welches unter seiner Verwaltung ist, keine Schulden contrahiren, es sei denn soweit als er den usus fructus daran hat. Ebenso dürfen seine Gläubiger den Theil des eingebrachten Vermögens, welchen die Frau sich zu ihrem Gebrauche vorbehält und an welchem dem Manne keine freie Verfügung zusteht, in keinem Falle zur Befriedigung ihrer Forderungen in Anspruch nehmen[2]. Hingegen kann die Frau in Bezug auf das Vermögen, welches unter ihrer besonderen Verwaltung steht, sich ohne Zu-

[1] Vgl. Burzynski, p. 262 fg. — Czaki, Bd. II, S. 58 fg. — Maciejowski, Bd. IV, S. 455 fg.

[2] Vgl. Maciejowski, Bd. II, S. 218; Bd. IV, S. 391 und 394.

stimmung ihres Mannes rechtsgiltig verpflichten und den Gläubigern verhaftet werden; über den Theil ihres Vermögens jedoch, welches der Mann verwaltet, und woran ihm gesetzlicher usus fructus zusteht, darf die Frau ohne seine Einwilligung keine Verfügung treffen, wodurch sein Recht geschädigt werden könnte; folglich können die Gläubiger der Frau bei Lebzeiten des Mannes diesen Theil nicht in Anspruch nehmen. Es haftet aber das ganze Vermögen der Frau für alle jene Schulden des Mannes, zu deren Contrahirung die Frau ausdrücklich ihre Zustimmung gibt oder Bürgschaft leistet[1].

Alle vermögensrechtlichen Verpflichtungen, welche beide Ehegatten gemeinschaftlich eingehen, lasten auch gemeinschaftlich und solidarisch, sowohl auf dem Vermögen der Frau wie auf dem Vermögen des Mannes.

Ein Haussohn, der kein abgetheiltes Vermögen oder peculium besitzt, sondern in Familiengemeinschaft lebt, kann keine Schulden contrahiren, welche der Hausvater anerkennen müsste; propter quod non habet alicujus rei dominium vel aliquam traditionem[2]. Eben so wenig kann ein anderes Familienglied, welches in Gütergemeinschaft lebt, solche Verpflichtungen eingehen, welche das gemeinschaftliche Vermögen berühren würden. Die actio communi dividundo ist hier unzulässig.

[1] Stat. Rag. Bogisić, p. 139.

[2] Statut von Wislica. Burzynski, p. 177. — Maciejowski, Bd. II, S. 227; Bd. IV, S. 410.

Für die Stammgüter gilt im Allgemeinen das Princip, dass sie unveräusserlich seien und folglich auch nicht willkürlich mit Schulden belastet werden können. Nur bei dringenden Veranlassungen, und mit Zustimmung der Familienglieder, ist es gestattet das Stammgut auf ein Viertheil oder Drittheil seines Schätzungswerthes als Hypothek zu verpfänden und in Fällen äusserster Noth auch zu veräussern[1]. Der hypothekarische Gläubiger ist nicht befugt durch Veräusserung des Gutes seine Forderungen zu begleichen, sondern er ist nur berechtigt aus den Früchten desselben seine Bezahlung zu erwirken.

Alle rechtmässig contrahirten Schulden gehen auf die Erben über; diese haften mit der Hinterlassenschaft bis zu dem Betrage, zu welchem diese das

[1] Das Kaiserl. Patent und Gesetz v. 7. Mai für die croatisch-slawonische und banatisch-serbische Militärgränze genehmigte:

§ 16. Der Grundbesitz der Gränzhäuser theilt sich in Stammgut und Ueberland. Zu dem Stammgute eines Gränzhauses gehören alle jene Grundstücke, welche dermalen in den Grundbüchern als Stammgut eingetragen sind. Dieselben bilden nebst den Wohn- und Wirthschaftsgebäuden die Gränzansässigkeit.

Das Stammgut ist in der Regel unveräusserlich. Nur in besonderen Fällen darf dasselbe auf ein Drittheil seines Schätzungswerthes als Hypothek verpfändet werden, und der Gemeindeausschuss hat darauf zu sehen, dass der Schuldner, ausser den Interessen, jährlich noch einen verhältnissmässigen Theil an Kapital abtrage.

Erst dann, wenn keine andere Hilfe verschafft werden kann, und wenn der Unterhalt der Familie durch Erwerbung einer anderen Ansässigkeit oder Aufnahme in ein anderes Gränzhaus gesichert ist, darf auch das Stammgut an Besitzfähige veräussert werden. Das Ueberland umfasst alle übrigen Besitzungen oder Gränzhäuser, welche nach den bestehenden Vorschriften veräusserlich sind.

freie Eigenthum des Erblassers bildete. Schulden, mit welchen das Stammgut vorschriftsmässig belastet wird, sind die Erben verpflichtet anzuerkennen und zu bezahlen.

Verzeichniss

der slawischen Rechtsquellen, und Hilfswerke, welche bei der vorliegenden Schrift benutzt worden sind.

Antiquissima monumenta juris Slovenici, edidit A. Kucharski. Varsoviæ 1838, enthaltend:

a) Prawda ruskaja, Russisches Recht, a. d. J. 1016 und 1282.

b) Zakonik srbski, Serbisches Gesetzbuch, a. d. J. 1349 und 1354.

c) Prawa zemie Ceske, Bömisches Landrecht, Jus terræ Bœmiæ.

d) Ondrije z Dube, Wyklad na prawo zemske. Andreas von Duba. Auslegung des Landrechts, a. d. Ende d. XIV. Jh.

e) Rad zemskeho prawa, Böhmische Landesordnung (Ordo judicii terræ), a. d. Mitte des XIV. Jh.

Chronica Nestoris (russ. slawische Chronik, a. d. XI. Jh.), edidit Fr. Miklosich. Vindobonæ 1860.

Monumenta serbica, spectantia historiam Serbiæ, Bosnæ, Ragusii, edidit. Fr. Miklosich. Viennæ 1858.

Schlözer. Nestors Chronik, 5 Bde. Göttingen 1802-1808.

Schlözer. Russische Annalen I-IV. Göttingen 1802.

Talvy. Volkslieder der Serben, 2 Bde. Halle 1825-1826, 3te Aufl. Leipzig 1853.

Königinhofer Handschrift, übersetzt von A. Swoboda. Prag 1829.

Novakovic Zakonik Stefana Dusana, cara srbskog. Das Gesetzbuch des Serbenzars Duschan. Belgrad 1870.

Gesetzbuch Daniels I, Fürsten und Gebieters von Montenegro und der Berda, in deutscher Uebersetzung, bei Manz. Wien 1859.

Ewers. Das älteste Recht der Russen. Dorpat und Hamburg 1826.

Bogisić. Glavnije crte obiteljskoga pisanoga prava u starom Dubrovniku. Hauptzüge des geschriebenen Familienrechts in Alt-Ragusa (nach den Statuten v. XIII-XVI. Jh.), im Rad jugoslavenske akademije vol. V, p. 123-149. Agram 1868.

Bogisić. Pisani zakoni na slovenskom Jugu. Geschriebene Gesetze der Südslaven. Agram 1872.

Maciejovski. Slawische Rechtsgeschichte, aus dem Polnischen übersetzt, von Buss und Nawrocki, 4 Bde. Stuttgart und Leipzig 1835-1839.

Burzynski. Prawo polskie prywatne, Polnisches Privatrecht, B. II. Krakau 1871.

Czacki. O litewskich i polskich prawach. Ueber die litthauischen und polnischen Rechte, 2 Bde. Krakau 1861.

H. Jirecek. Slovanske pravo v Cechach a na Morave. Slawisches Recht in Böhmen und Mähren, 2 Bde. Prag 1863-1864.

Palacky. Geschichte von Böhmen, 5 Bde. Prag 1836-1865.

Safarik, J. P. Sebrane spisy, Gesammelte Schriften I-III. Prag 1862-1865.

Safarik. Geschichte der südslawischen Literatur, aus dessen handschriftlichem Nachlass, herausgegeben von J. Jirecek, 4 Bde. Prag 1864-1865.

Andere Belege sind an den betreffenden Stellen mit vollem Titel angeführt.

Strassburg, J. H. Ed. Heitz, Universitäts-Buchdrucker.

FSC
www.fsc.org
MIX
Papier | Fördert
gute Waldnutzung
FSC® C083411

Kolibri 360 GmbH
Ferdinand-Jühlke-Straße 7
99095 Erfurt, Deutschland
produktsicherheit@kolibri360.de